えんたくん革命

1枚のダンボールがファシリテーションと対話と世界を変える

川嶋 直

TADASHI KAWASHIMA

中野民夫

TAMIO NAKANO

Entakun Revolution

みくに出版

序章

「えんたくん」ってなんだ!?

「えんたくん」というのは、直径１メートル程の円形ダンボール板のこと。対話をするときにこの道具を使うと、とても良い「場」に変えることができます。どのような使い方をするのか、少しのぞいてみましょう。

「えんたくん」ってなんだ!?

〜家に引きこもりがちなマンガ家の「えんたくん」初体験記〜

おくやまゆか

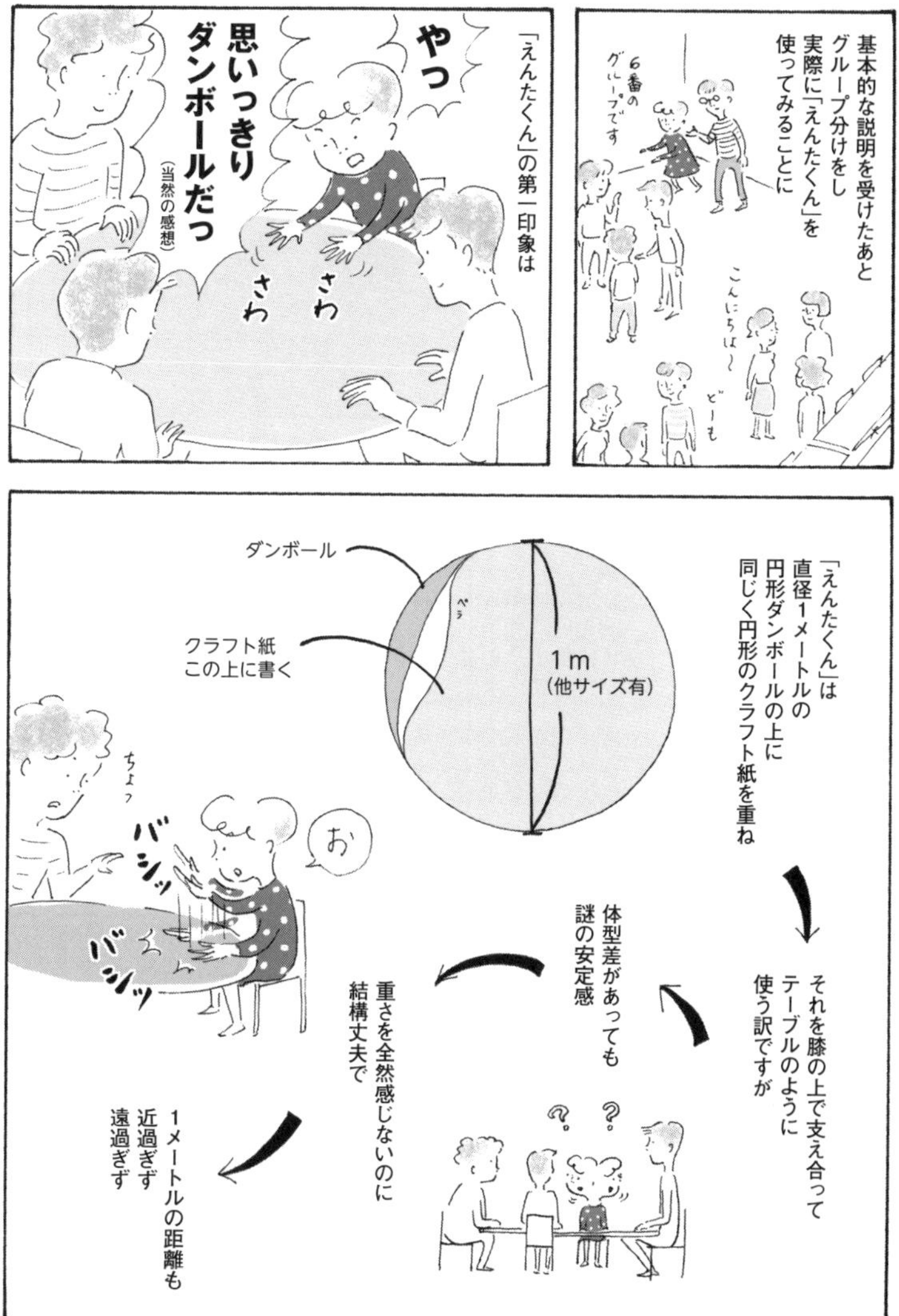
基本的な説明を受けたあと
グループ分けをし
実際に「えんたくん」を
使ってみることに
6番のグループです
こんにちは〜
ど〜も
「えんたくん」の第一印象は
やっ
思いっきり
ダンボールだっ
（当然の感想）
さわ
さわ
「えんたくん」は
直径1メートルの
円形ダンボールの上に
同じく円形のクラフト紙を重ね
ダンボール
クラフト紙
この上に書く
ペラ
1ｍ
（他サイズ有）
それを膝の上で支え合って
テーブルのように
使う訳ですが
?
?
体型差があっても
謎の安定感
重さを全然感じないのに
結構丈夫で
ちょっ
お
バシッ
バシッ
1メートルの距離も
近過ぎず
遠過ぎず

そして、自己紹介タイム
は、はじめまして
普段はマンガを
描きながら、週に
2日くらい図書館で
働いていまして
うんうん
へえ～
サラサラ
ふんふん
「えんたくん」は
会話の内容を書き留めていくことが
醍醐味のはずなのですが
いざ使ってみると
会話しながら書くことに
まったく馴染めず
私の前だけ
まっさら…
プルプル
発表時に思わず
スミマセン
不安です…
と、つい心情を
口にしてしまう私
気負わなくて
いいですよ
しかしその後
フォローしてくださる
方がいたり
最初は
そんなもんよ～
ほっ
「えんたくん」のいろいろな
使用法など聞くうちに
保育園では
テーブル代わりに
ご飯を食べたり
へ～そっか
使い方は
一つじゃないんだ
俄然興味がわいてきました

ちなみに「えんたくん」のお約束はとってもシンプル
・よく聴こう
・短く話そう
・言葉を書き留めよう
議事録ではないので自分が気になった言葉を書けばいいんだって
よっしゃそれなら！
（もうやる気）
これを踏まえて再挑戦

2ラウンド目はメンバーが変わって「えんたくん」の更なる可能性について話し合い
用途によってダンボールのサイズを変えられるといいかも
うんうん
場の距離感によって変えてもいいし
馴染んできたら話すことも増えるし大きくしていくとか～
いつの間にか積極的に意見を交換したりして

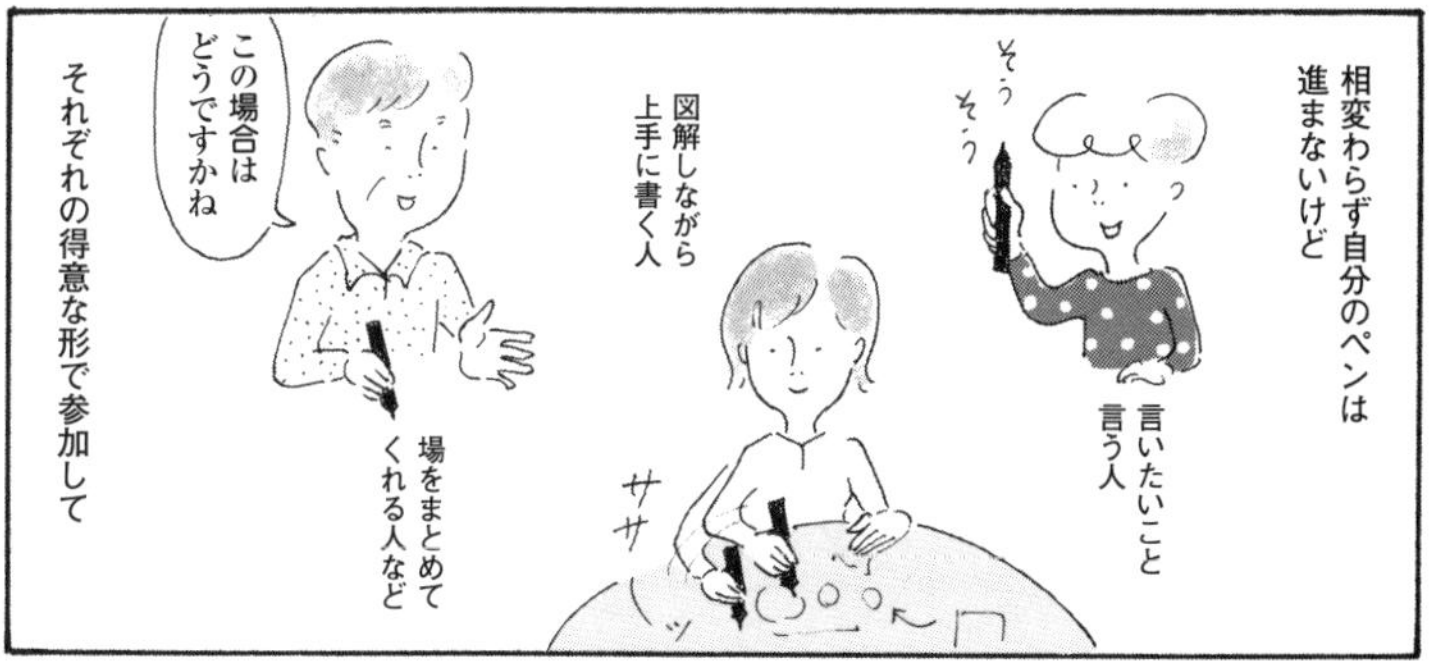
相変わらず自分のペンは進まないけど
そうそう
言いたいこと言う人
図解しながら上手に書く人
ササ
この場合はどうですかね
場をまとめてくれる人など
それぞれの得意な形で参加して

気づけば新しい意見が
出てくる
出てくる
話し合いを重ねる毎に書いた紙も重ねていけば、前回との比較ができるしいいですよね
ふむ ふむ
同じメンバーならそれぞれペンの色を決めておくのもいいかも
あはは
やりたい～
立って使えるのもいいよね 腹筋鍛えられてダイエットにもなるし～
グループ替えしても1分も経たずに打ち解ける不思議

最後は話し合いの結果を床に並べて皆で発表、再確認
持ち運びしやすいので運動部の部活の作戦会議とか
被災地の避難所では一人での食事にならないようテーブル代わりに備蓄を
ふーむ
そんな発想もあったのか～

とにかく短時間で
有効なアイデアが
いくつも出てくるのを実感
これが「輪」の力!?
ふしぎ〜
あははは
という訳で
あんなに不安がっていた私も
ワークショップの終わるころには
ありがとうございました〜
ありがとうございました〜
ありがとうございました〜
図書館の
イベントで
使えたらいいな
自分のフィールドで
どのような使い道があるかなど
考えるようになっており
ガタン
ゴトン
工作会なら
クラフト紙を
そのまま展示できるし
丸いから目新しくて
子どもも喜びそうだな
帰りの電車の中でもずっと
「えんたくん」の可能性の
拡がりに、
鼻息を荒くしていたのでした
完

目次

序章　「えんたくん」ってなんだ!?　おくやまゆか …… 3
第1章　輪になって座る　中野民夫 …… 13
第2章　えんたくんの誕生　川嶋直 …… 31
第3章　えんたくんミーティングを始めよう　――具体的な活用の手引 …… 65
第4章　さまざまなえんたくんの活用法　――12の事例紹介 …… 107
1　野外でゲリラ的なえんたくん　――「アースデイ東京」での事例　川嶋直 …… 109
2　大教室の授業で使うえんたくん　――同志社大学政策学部での事例　中野民夫 …… 113
3　医療に関わる人のえんたくん
――茨城県立医療大学IPE授業での事例（学生）
――ホスピスケア研究会の研修での事例（緩和ケアに関わる医療職）　浦山絵里 …… 117
4　異文化交流・国際理解のためのえんたくん　――「東アジア地球市民村」での事例　中野民夫 …… 123

5 アートの世界でえんたくん——川崎市岡本太郎美術館での事例 井上尚子 …… 126
6 世代を超えるえんたくん——東京工業大学「蔵前立志セミナー」の事例 中野民夫 …… 130
7 地域おこしにえんたくん——京都府南丹市「地域プロデューサー養成講座」の事例 中野民夫 …… 133
8 保育園で子どもが遊ぶえんたくん——我孫子市の慈紘保育園での事例 松山益代 …… 136
9 学校現場でのえんたくん——渋谷教育学園渋谷中学高等学校の夏期講習での事例 河口竜行 …… 139
10 被災地でえんたくん——熊本地震での地域支え合いセンターと災害ボランティアの事例 鈴木まり子 …… 143
11 和室でリラックスえんたくん——「自分の軸を探求するワークショップ」の事例 中野民夫 …… 147
12 テーマはその場でえんたくん——渋谷のデイライトキッチンの事例 中野民夫 …… 149

第5章 えんたくんから始まる静かな革命 …… 157
用語解説 …… 64
えんたくんアイデア集 …… 152
輪になって座ろう（えんたくんの歌） …… 174
あとがき …… 176

第1章

輪になって座る

中野民夫

皆が丸くなって話す形の「えんたくん」は、突然、現れたわけではありません。長い人間の歴史のなかで「輪になって座る」ことは世界中で行われ、大事な対話が交わされてきました。「えんたくん」が生み出す創造的な対話は、これからますます重要になっていくことでしょう。

対等な関係

ここ30年近くのあいだ、私（中野）は「輪になって座る」ことの意義について探求してきた。

1989年、広告代理店に勤めていた私は、休職して留学しようと、サンフランシスコにあるカリフォルニア統合学研究所（CIIS）に下見のために訪問した。おそるおそる教室に入ったら、20人くらいの人々が床に輪になって座っていて、その光景に驚いた。「ちょっと見学させてください」と言おうにも、誰が先生なのかもわからない。のちに、カリフォルニアではこのようなスタイルが広く行われていることがわかった。輪になって座る場では、皆が中心から等距離で、人の間に上下がない対等な関係になりやすい。

夏のキャンプファイヤーを思い出してみてほしい。人々が火を囲んで輪になり、一緒に歌ったり踊ったり食べたり話したりしながら、物語を受け継いだり、知恵を出し合ったり、楽しんだりする。こういうことは、古来よりさまざまな文化で行われてきた普遍的な営みなのだ。火は熱いから、お互いが火から自然に程良い距離を取りながら輪になって集まる。

ネイティブ・アメリカンの平原の民が使ってきた「ティピー」というテントがある。長い棒を円錐状に立てて布を巻きつけたテントで、真ん中に火を焚《た》き、丸く囲んで座る。ネイティブ・アメリカンは、このような「輪（サークル）」を大事にする世界観をもっている。人間は大きな生命の輪の一部であると捉え、さまざまなことを「輪」になって話し合う。エコロジーやスピリチュアルの世界にも影響を与えている、「万物はつながっている」という大地に根ざした〝智慧〟だ。


「さあ、どうしたら解決が見つかるだろう？」

彼の問いかけに対し、最後にだれかが答える。

「みんなで話し合いましょうよ」

一致団結の中にこそ安全があるという思いがみるみる一族全員に広がり、火を囲んで話し合おうという気持ちが生まれた。〈知恵の娘〉が一族にもう一つの贈り物を与えたのは、そのときである。

「この話し合いの輪が」彼女は説明する。

「中心に火を呼び寄せました」

（ポーラ・アンダーウッド『一万年の旅路――ネイティブ・アメリカンの口承史』星川淳訳　翔泳社　1998年）


日本で火を囲むというと、囲炉裏《いろり》を思い浮かべる人が多いだろう。囲炉裏は四角いので、座る場所によって主《あるじ》の席、客人の席というふうに、意味が生じる。現代の会議や宴会などでも、長方形のテーブルを並べて、偉い人が奥の上座に……などと、序列によって座る場所が決まっていることは多い。東アジアの儒教文化圏では、年齢や地位の上下を大事にするということの視覚的な表れだろう。

日本でも輪になって座る例はたくさんある。丸く火を囲むといえば「火鉢」があるし、「車座」「円座」になって行う話し合いも昔からある。最近は政治の世界でも、自治体の首長と市民がゆっくり話し合うための「車座集会」という機会が設けられる。また、昭和初期に普及した「ちゃぶ台」には、円卓が多かった。家族で食卓をともにする、「団欒《だんらん》」の象徴だったわけだ。

東日本大震災が起こったとき、私は自然学校の仲間が立ち上げたボランティアグループ、RQ市民災害救援センターのボランティアで、宮城県南三陸町に赴いた。夜、ある伝統的な地域組織の男たちが屋外で、ドラム缶で火を焚きながらその回りで輪になって、立ったまま腕組みをしながら復興についての話を真剣にしていた。めらめらと燃える炎に浮かび上がるその光景は感動的だった。そして、これまでも人は困難にあったときに、丸くなって知恵を出し合い、活路を見出してきたのだと改めて確認した。

「ラウンドテーブル」「円卓会議」という言葉もよく使われる。国連などの国際会議では、「マルチステークホルダー・ダイアログ」といって、先住民などのマイノリティや、NGO、若者など、できるだけ多様な関係者をメンバーに入れて話を聴くという趣旨の対話をする。このときには輪に近い形で話し合われることが多い。国際交渉や平和構築の場で輪になって座ることが多いのは、角をなくして丸くなって座ることが揉め事の解決につながりやすいからだろう。ラウンドテーブルの由来といえば、「アーサー王物語」の「円卓の騎士」だ。キリスト教の最後の晩餐を模した13の椅子に12人の騎士が輪になって座ることで、騎士の間に序列をつけないという意味があったという。

カナダの先住民の話し合いの伝統が体系化された「ピースメイキング・サークル」という手法がある。何かを話し合うときに、トーキングピース（羽や木や石）を持っているひとりだけが話し、ほかの人はいっさい口をはさまずにひたすら聴く。すると、丁寧に聴き合う雰囲気ができる。そして、全員が本当に納得するまでトーキングピースを何度も順に回していく。だから、よく見かけるような、「よろしいですか」と全体に聞いて、皆が黙ったままなら何となく承認、というような中途半端なことは起こらない。時間はかかるけれど、最終的に皆が納得する形になる。「誰もが傷つかない解決法がある」という前提があり、その道を探るため、輪になって話しつづけるのだ。

和して同ぜず

合意形成《コンセンサス》の仕上げは、だれもが実行できる決定（複数の場合もある）を見いだすこと、つまり一族全員を包み込む輪を見いだすことだ。一族の一人ひとりは、しばしばその輪の外へ踏み出すことがあるという了解があって、それが個人の自由意志を保証していたが、〈一族の輪〉とは、いかにしてともに暮らすかに関するおおまかな同意として全員を束ねるものだった。（『一万年の旅路』）

どんな話し合いでも、輪になると序列がなくなる。少なくとも序列が見えにくくなって、対等な関係がつくりやすくなる。四角く並ぶと隣りの人の顔も見えにくいが、輪になると皆の顔が自然に見える。どういう人がどういう表情で話しているかを見ることができるから、「相互作用」が起こりやすくなるという点が大きく違う。

私はこれまで長年「ワークショップ」に取り組んできて、「ともにつくる場」であるワークショップには大事な「3要素」があると思うようになった。それは「参加・体験・相互作用」だ。なかでも、お互いから学び合う「相互作用」がワークショップの肝だ。輪になって座ると、フォーマルではなくカジュアルになり、硬い感じではなく柔らかい感じになるから、一緒に何かを学んだり考えたりつくったりするのに向いている。ワークショップでの相互作用を目指すなら、「輪」は欠かせない。

「輪」は「和」に通じる。「和して同ぜず」という言葉があるが、これは、調和はするけれど同じ考えに染まるわけではないということだ。けれども、これを正しく理解して実行するのは難しい。先ほど著書を引用した、歩く一族のヒストリー・キーパーであるポーラ・アンダーウッド氏は、私が参加したワークショップで、輪になって座ることの意味を次のように教えてくれた。

「人が輪になって話し合うとき、中心には〈中つ火〉がある。それは本当の火でもそうでなくてもよい。そこで学びが起こると遠くからもそこで何かが起こっていることがわかる。そして、中つ火を取り囲む一人ひとりが薪。だから、それぞれの個性を、違った色を持ち込んだほうが、火は美しく大きくなる。輪になったときに、輪に向かっている私たちの内側半分はその共同体の一部だけれども、外側半分は個人の部分として、それぞれ違っていい」

グループになって円座を組むというと、何か逃げられないもの、回りに同調しないといけないものというイメージがあるかもしれない。けれど、全体のハーモニーは、むしろそれぞれに違った人たちが何かを共通にしたときに生まれる。半分は共同体、半分は個人であって、だからこそ、その輪が調和することに意味があるのだ。

画期的な対話促進ツール

私は2012年に広告代理店を早期退職して、同志社大学の専任教員となった。翌年11月に川嶋直さんから教えてもらってすぐに授業に採り入れた（113ページ）のが、本書で紹介している円形ダンボールの「えんたくん」だ。長年考えてきた「輪になって座る」ことを即座に実現し、しかも気軽に使えるという理想的な道具に、ついに出会うことができた。

えんたくんが登場するまで、大学の大教室でなんとかグループワークを実現するために、たとえば3人掛けの机の両端に2人で座り、奇数列の2人が後ろをふりかえって、偶数列の2人と4人組をつくるという形でやってきた。けれども良いコミュニケーションにはきちんと向き合って話すことが大事であり、身体をひねって後ろを向くというこの姿勢には無理がある。無理のある姿勢は長続きせず、次第に視線も外れ声もよく聞こえなくなり、どんどん気持ちの距離が開く。それでは良い話し合いにはならないし、ヘタをするとグループワークそのものを嫌いになってしまうことすらある。そういう限界があるので、最適なやり方ではないなと感じていた。

その点えんたくんは、机を取り払って椅子に腰掛けて膝に乗せてもいいし、畳やカーペットなどのフラットな床に直に座っても使えるところがいい。自然と向き合って座る姿勢になり、お互いの顔がよく見えるので、話も弾みやすい。体験した学生からは「物理的・心理的距離が近くなる」という言葉をもらった。膝の上に乗せると、身長差によって少し不安定になることもある。「そこを互いに調整することもグループワークのうちですか？」などと聞かれることもあり、協力して支え合うことに可能性を感じる人もいる。大学でえんたくんを使うときは、もっともらしく「画期的な対話促進ツール」と修飾語を付けて、えんたくんを紹介している。

東工大でえんたくん革命

同志社大学で大教室での参加型授業にチャレンジしつづけたおかげで、「『教える』より『学び合う』場をつくる」という自分のテーマが明確になってきた。そして２０１５年秋、「リベラルアーツ教育改革」を掲げた東京工業大学に新設されたリベラルアーツ研究教育院（ＩＬＡ）に、縁あって移った。この改革は、複雑になっていた学部などの組織を統合し、４学期制を導入し、教養教育を拡充するという大規模な改革だ。その一環として始まった「立志プロジェクト」は、理工系の専門性を身に付けるだけでなく、もっと人間や社会のことを知って自分から何かを創り出すこと、そして何よりも、大きな〝志〟をもってもらうことを目指したものだ。

この立志プロジェクトが画期的なのは、30名という多くの教員が専門を超えてファシリテーターの役目を担ったことにある。新入生約１１００名の必修科目として、学生は大人数クラスと少人数クラスを行き来する。木曜は皆で大きな講堂で講義を聴き、翌週の月曜には少人数の

40クラス（午前と午後に20クラスずつ）に分かれる。さらにそのなかで4人グループ（ホームグループ）をつくる。このグループには、入学してすぐの仲間づくりをフォローする意味合いもある。講堂講義は、池上彰氏や平田オリザ氏など、各界で活躍する方々を招いた。ILA院長の上田紀行氏は学生を盛り上げるのがうまく、「アメリカでは皆、話を聴きながら質問を考えているんだよ」などと促して、講演のあとに質問を募る。学生もどんどん手をあげて、当てきれないぐらいに増え、今までの静かな東工大を知っている人が驚くような活発な状況になってきた。

学生に配る立志プロジェクトのガイドブックの巻末には、B5用紙の「ふりかえりシート」を付けている。そこには「①サマリー(要約)＝何を聴いたか、印象に残った点は？」と「②レスポンス(応答)＝話を聴いて感じたり、考えたことは？」という問いが書かれている。各自がそのシートを宿題として書いてきて、月曜の少人数のクラスに参加する。

教員は持ち運びしやすい「折りたたみえんたくん」（52ページ）を各教室に運び、机が動かせる教室では机を片付けてフラットなスペースをつくる。私のクラスでは、まず椅子だけの大きな一つの輪になって座り、「チェックイン」として全員がひとこと、名前や近況や今の気分などを話す。

そして、A4用紙に書いたキーワードを貼りながら説明する「KP法」（64ページ）を使ってオリエンテーションをする。それからいよいよ4人組でえんたくんを使って、ふりかえりシートの「①サマリー」について話し合う。ここで学生たちは、同じ講義を聴いたのに注目ポイントが人によってかなり違うことに驚く。20分ほどで席替えをして、新しいメンバーとえんたくんを囲み、程良い緊張感のなかで、今度は「②レスポンス」について話し合う。考え感じたことは一人ひとり相当異なってくるので、「そういう考え方もあるのか」と新しい視点を仲間から得て、徐々に視野が広がっていく。

話し合いのあいだは、教員は黙り、基本的に学生自身に任せている。腕を組んで見回りたくなるが、それはプレッシャーを与えるので、私は上から目線にならないよう極力気をつけている。問題がありそうなときも、なるべく同じ高さにしゃがんで関心を示すようにしている。

授業の最後には、何を感じ、発見し、学んだか、フィードバックシートを学生に書いてもらい、私は必ず読んで次の回の冒頭に主なものを紹介したり、実際の授業改善に役立てている。

「立志プロジェクト」の名のとおり、最後の回は自分の「志」を発表して終わる。各ホームグループでの学び、各自の志を明らかにするところまでが、一連の流れだ。

従来の一方向の知識伝達のスタイルから、「双方向性が大事」と言われるようになって、質疑応答やコメントペーパーが使われるようになった。しかし、これはまだ教員と学生の縦方向だ。立志プロジェクトでやろうとしているのは、学生同士、横方向の学び合いだ。ワークショップではファシリテーターが場をホールドして皆の相互作用を促す。そのような横の相互作用を大事にしたグループワークが授業でもできるよう、各教員が工夫している。そしてそれが組織的な取り組みになっている点がすごいと思う。

学生からも、こういうやり方は〝楽しい〟という感想が多く聞かれる。「学びの場が楽しい」というのは、非常に大事なことだ。東工大には、コミュニケーション力に不安をもっている、真面目で、うつむき加減の学生が少なくないが、いつの間にか初対面の人とも話せるようになる。「自分は他人に関心がない、他人と話すのが苦手だと思い込んでいたけれど、けっこう自分は他人に興味があって、話すのも楽しいということがわかった」という声も出てきた。もちろん、なかには発達障害や対人恐怖などで人と話すのに困難があり、特別な対応が必要な学生もいる可能性はあるが、大多数は少しずつやればできるという自信につながる顕著な成果が上がっている。横の相互作用による学び合いのなかで刺激され、自ずと自分も何かをやりたくなってくる、自然と主体性が育まれていることも感じる。その後の授業を担当された先生方からも、学生の態度が積極的になったなど、明らかな変化が報告されている。

えんたくんは大学院博士前期課程の「リーダーシップ道場」という、専攻を超えたプログラムでも使われている。ＩＬＡではアクティブ・ラーニング用として、靴を脱いで床座りできるフラットな教室を新たにつくり、禅寺で使われている本格的な坐布を導入した。これで床に座ってえんたくんを使うこともできるようになった。

現役学生だけではない。東工大の同窓会組織「蔵前工業会」とＩＬＡが共同で開催する「蔵前立志セミナー」でも、えんたくんを投入した（１３０ページ）。前半に卒業生が講演し、それを受けた後半のグループワークで、現役学生と卒業生がえんたくんを囲んで一緒に話し合う。人生の先輩たちは一方的に長々と話しがちなので、きちんと時間を区切って自己紹介や感想を話してもらう。その後は自然と盛り上がり、懇親会でも自然に混ざり合うようになった。

教員同士でもえんたくんを使う。ILA発足に向けての最初の合宿でえんたくんを体験したところ、「これは面白い!」と思ってくれた教員が多かった。その勢いもあって、必修授業40クラスでの組織的な導入が進んだのだ。教員同士の話し合い、たとえば、立志プロジェクトのふりかえりも、えんたくんに書きとめながら話し合った。ファシリテーターとなる教員自身がえんたくんの面白さ、魅力を体感しているからこそ、自信をもって授業でも活用できるのだ。

東工大の創立150周年となる2030年に向けた未来ビジョンを考えるワークショップでも、えんたくんを使った話し合いで盛り上がった。ビジョンを創るなら、通常の会議ではなくワークショップでやってみようと、学長をはじめとする執行部を中心にしたワークショップが実現した。それが好評だったので、中堅や若手のワークショップにも展開した。このときは、丸いえんたくんシートに話し合いの成果をまとめて清書し、発表用紙としても使った。中心に円を描いて、その回りを上下にわける。下の半円に「東工大独自の強み」を、上の半円には「2030年の社会に提供できる価値」を、真ん中の円には、その結果「社会にどう呼ばれるか」を各グループでまとめる。ブランディングのためのひとつのフォーマットだが、これをグループごとにつくって発表した。そこから見えてくるエッセンスをまとめていき、クリエイターに

Statement for 2030 × Tokyo Tech

広告特集

2017 国公立大学 進学のすすめ BUILD YOUR FUTURE

東工大が新しい活力ある社会を切り拓く

東京工業大学

Tokyo Tech

Tokyo Institute of Technology

ちがう未来を、見つめていく。

まだ、見たことのないこと
まだ、触れたことのないこと
まだ、信じられていないこと
まだ、想像さえできないこと

何故なら、私たちには私たちにしか見えない
未来があるのだから
東京工業大学

目指すビジョンを共有するために

ワークショップとは？

輪になって座り対話をするところから

2030年に向けた東京工業大学のステートメント

Spirit

ちがう未来を、見つめていく。

Action

1 尖らせる

2 共鳴する

3 実装する

世界トップクラスの教育システムで学ぶ

8月10日(木)オープンキャンパス(大岡山キャンパス)を開催します!

TOKYO TECH OPEN CAMPUS 2017.8.10

東京工業大学「国公立大学進学のすすめ」(朝日新聞、2017年７月11日、広告)。
右下でえんたくんを活用したワークショップを中野のインタビューとともに紹介している

も関わってもらって、「ちがう未来を、見つめていく」で始まる東工大ステートメントが生まれた。斬新なポスターができ、新聞・雑誌広告でも展開している（前ページ）。

この試みはさらに続いていて、メンバーに学生を加えた200名規模の大ワークショップが実現した。大学執行部、教員、職員、学生、大学を構成する多様な関係者が集い、えんたくんを囲んで対等に話し合う貴重な場となった。そこからたくさんのアイデアやプロジェクトの種が生まれた。

このように、東工大では、新入生必修の授業から大学全体のビジョンを決める話し合いまで、さまざまな場面で「えんたくん革命」が進行している。

創造的な対話

私は長年の経験から、ファシリテーションの基礎スキルを、①場づくり、②グループサイズ、③問い、④見える化、⑤プログラムデザインであると考えている。えんたくんを使うと、少なくとも①、②、④には非常に威力を発揮するし、③、⑤もえんたくんに関連させて組み立てることができる。

そして、えんたくんは、話し合いの場を楽しく和気あいあいとしたなごやかな雰囲気にしてくれる、ということも重要なポイントだ。

近年は「協働」「共創」が大事だとよく言われる。誰しも世界全体が見えているわけではない。だからこそ、それぞれの思いや考えを持ち寄って率直に話し合い、一緒に何かを発見したり創りだすことが求められているのだ。異なる分野の研究者や専門家が、違いを活かして協働したり共創しようとするとき、それを促進するのが輪になって座る精神であり、えんたくんだ。えんたくんは、年齢や経験の違う多様な人々がいても、今取り組もうとしているテーマに対しては対等であるという、輪になって座り語り合う「輪（サークル）」の象徴なのだ。

「話し合う」というと、「議論（ディスカッション）」を思い浮かべる人が多い。もともと「ディスカッション」には、どちらが勝つか、どちらが正しいかを競い合う傾向が強い。けれども、多くの難問に直面する現在、多様性と共生を実現して持続可能な社会を築くうえで私たちに必要なのは、正しさを競う議論よりも、それぞれの体験や思いを分かち合い、ざっくばらんに話し合うなかで、何かを発見し、ともに何かを創っていく「創造的な対話」ではないだろうか。

この創造的な対話を自然に促すえんたくん。静かでゆっくり少しずつ起こるやさしい革命が、ここから始まっている。

第2章

えんたくんの誕生

川嶋直

「えんたくん」のアイデア、素材、大きさ、名前……それぞれが決定するまでには、いろいろな経緯がありました。人と人、人と社会をつなぐファシリテーションを仕事にしている人たちにとってシンプルで直感的にわかりやすい道具だったので、あっという間に現場に広まっていったのでした。

心細い初参加者

僕（川嶋）は長いこと「環境教育」「インタープリテーション」という仕事をしてきた。インタープリテーションとは、自然と人間の間の〝通訳〟のことだ。自然の中で行われるさまざまな体験を通して、参加者に対して一方的に自分の知識を教えるのではなく、参加者の主体性を引き出しながら、自然の意味や面白さを伝えるのがインタープリターの役割だ。そうして「自然と人をつなぐ」ことをしているうちに、ここ10年ほどは、街の中で「人と人をつなぐ」仕事が増えてきた。自然の中でやってきた人と自然、人と人をつなぐ手法が、参加体験型のワークショップにも応用できることがわかったのだ。このようなワークショップには、講師や司会とは少し異なる、参加者の能動的な関わりを促す「ファシリテーター」という役割が必要だ。ファシリテーターという言葉は、「促進する・容易にする」という意味のファシリテートに由来するが、ファシリテーションとインタープリテーションには、多くの共通点があったのだ。

インタープリテーションの仕事は、１９８０年から公益財団法人キープ協会（ＫＥＥＰは Kiyosato Educational Experiment Project［清里教育実験計画］の略）に所属して行ってきた。キープ協会は、ポール・ラッシュ博士によって１９５６年に創設され、「食糧・保健・信仰・青年への希望」をビジョンとして掲げた事業を行ってきた。八ヶ岳山麓、山梨県清里のキリスト教指導者研修施設「清《せい》泉寮《せんりょう》」を母体としている。

この清泉寮を会場として、1987年から毎年、環境教育の全国ミーティングが開催されている。主催するのは現在の公益社団法人日本環境教育フォーラム(JEEF：Japan Environment Education Forums)で、僕はこのミーティングでは総合プロデューサー兼全体進行役のような役割を担っていた。最初の5年間は「清里環境教育フォーラム」と呼ばれていたが、それ以降は「清里ミーティング」と名付けられて毎年11月に2泊3日で行われている。

2009年に清泉寮新館(国際研修センター)が完成し、その大きなホールが清里ミーティングの新しい主会場となった。ホールは200人以上の人が集まっても余裕があるような広さだった。ミーティングに参加する人は、約半分がこのミーティングへの初参加者であり、30歳代以下の若い人たちであった。一方で、環境教育の経験が数十年というベテラン、著書もある有名人や大学の研究者もいる。参加者の経験値の幅はとても広いということになる。清里ミーティングでは多数のワークショップや分科会も行われるが、プログラム初日の開会式から全体会での基調講演にかけては、一方的に情報を受け取ることばかりで、初参加者への配慮を十分にしているつもりでも初参加者の「疎外感」はどうしても拭うことができない。親しげに再会のあいさつが交わされているなかにいて、初参加者の人たちは、自分だけが知り合いもなく、話の内容もわからないのではないか、と心細い気持ちでいるものだ。

これまでもこの疎外感打開のためにさまざまな工夫をしてきた。スクリーンに映した質問と5択の回答に参加者全員が手持ちの5色のカードで一斉に回答し、即座にその色の数を集計する「旗揚げアンケート」や、講演を聴いた直後に周辺の３人ぐらいと輪をつくり、その感想や疑問などを自由に話し合う「ぺちゃくちゃタイム」（ＰＫＴ）などの工夫をプログラムに盛り込んでいた。しかし、もう少しきちんと時間をかけて、初参加者の緊張感を緩和し不安を解消し、参加者全体のチューニングができるような場をつくりたい。ベテラン参加者も、初参加者と接することで自分の立ち位置を確認するなどの効果が得られるような工夫はできないものかと思案していた。

ワールドカフェをやってみよう

そのためにはまず、不安や疑問の「見える化」が必要だ。話されているテーマに対して詳しくない人にとっては、相手が話す言葉自体がわからない、わからないからアタマに入らないし、聞き返すのも難しい。だから伝えるときに言葉を文字として「書く」ことが大事になる。相手は意味を把握しやすくなるし、「それってなんですか」と尋ねやすくもなる。

僕はこれまでプレゼンテーションの場やセミナーで「ＫＰ法」（64ページ）という手法を使ってきた。ＫＰ法とは「紙芝居・プレゼンテーション法」の略で、シンプルなキーワードやイラスト、図などを書いたＡ４サイズくらいの紙をホワイトボードなどに順に貼りながらプレゼンしていく方法だ。これによって、僕の話していることを「見える化」して皆と共有するやり方での成功体験があった。わからないことがお互いにわかれば、場の安心感にもつながる。そして、せっかく言葉を書くような場面をつくるならば、できるだけたくさんの人と短時間で知り合える仕掛けがあるとよいのではないかと考えた。

ファシリテーションのひとつの手法として「ワールドカフェ」(64ページ)がある。1990年代のアメリカで生まれた手法だ。参加者が数人ずつテーブルを囲んで対話し、途中でひとりを残してほかのメンバーはバラバラに席を替え、別のテーブルでまた対話をする。テーブルには大きな紙とマーカーが用意され、話されたキーワードが続々と書き残されていく。これを繰り返すことで、リラックスしながらたくさんの人と話し合うチャンスが得られるというわけだ。

ワールドカフェという手法は以前から聞いていた。聞いてはいたのだが実際にワールドカフェというイベントに参加したことも、ワールドカフェを仕切った経験もなかった。ただ、ワールドカフェの本を読んで「だいたいのやり方」はわかっていた。これまで僕がやってきたこととの違いといえば、ワールドカフェでは席替えが意識的に行われるというところか。

清里ミーティングでワールドカフェをやってみよう。そう思ったのが2013年の夏ごろだった。ワールドカフェは、短時間に多くの人と出会って話すという目的にぴったりだ。開会式直後の全体会の後半、基調講演を数十分聴いたあとに、全員参加でワールドカフェをやろうと思った。

テーブル問題

ワールドカフェをやろうと思ったのはよいけれど、早速大きな問題にぶつかった。参加者200人として、仮に各テーブルを6人が囲むとしても33テーブルが必要だ。最大の課題はそのテーブルをどうやって調達し配置するかであった。会場備え付けのテーブルは45センチ×180センチの一般的な会議用のテーブルだ。2本並べてちょうど畳1枚分となり周囲に6人は座れるが、33テーブル（つまり会議用テーブル66個分）も会場に出してしまっては窮屈で身動きが取れない。それに、このテーブルではいちばん遠い相手とは2メートル以上も離れてしまう。やっぱり「カフェ」なのだから、本当は丸テーブルのほうがよい。でも新たに丸テーブルを33卓も用意するなんてできない。そんな予算もないし、テーブルをしまっておく場所もない。そんなとき、天からのひらめきが降りてきた。

「天板だけのダンボールでも大丈夫なんじゃない？」

そうか！　丈夫なダンボールを円形に切って、皆の膝の上に乗せればよいのだ。これなら軽いし、置き場所にも困らないだろうし、それに絶対に安い。ネットで「ダンボール」「円形」を検索したら「ダンボール板を加工します」という会社がけっこうあることを確認。そのなかから静岡のダンボール加工業者である「三ヶ日紙工」に連絡をしてみた。ＣＡＤカッティングという加工方法があり、きれいにダンボールを切り抜くことができるということで、円形ダンボールの注文ボタンがあった。ホールケーキやタイヤなどの梱包用や輸送用の丸い台紙として使われているようだった。しっかりとしたダンボール板を直径1メートルの円形に切れるか問い合わせたら「できます」との返事。三ヶ日紙工の沼津克彦社長によると、こんな大きさの注文は初めてだったので、びっくりしたという。早速見本を送ってもらった。厚さは既製品の8ミリ。直径1メートル前後で大きさを変えて、何種類か頼んで送ってもらった。キープ協会のスタッフに手伝ってもらって椅子で円陣を組み、膝の上に円形に切られたダンボール板を乗せてみた。その瞬間スタッフたちは皆、笑顔になった。

「川嶋さんこれいいですね」「けっこうしっかりしているし」「これにキーワードをいろいろ書くんですよね」「これはいける」と確信した。結局、直径は1メートルにした。5～6人が囲んで近すぎず遠すぎず、そんな距離が直径1メートルだった。対面の人との眼と眼の距離はおそらく1・2メートル前後で、初対面でも近すぎないし、遠すぎない。直径1メートルなら、手を伸ばせば反対側の人の前のエリアにも手が届く。これを囲む誰もが、ほぼ全面

キープ協会スタッフ5名＆えんたくん試作版

どこにでも手を伸ばして字や線や記号を書き込むことができるのだ。ちなみに、このときの「5〜6人」には意味があるのだが、それは第3章で紹介する。

円形ダンボール板を使い捨てにするのはさすがにもったいないので、同じ直径の紙を乗せて、その上に水性マーカーでどんどん書いていこう。三ヶ日紙工に打診したら、ダンボール原紙に貼る用途のクラフト紙なら同じ直径で切り出すことができると言うのでお願いした。見積り額は40セットで1万数千円だった。これで200人のワールドカフェのテーブルは調達できそうだ。お手頃ではあるけれど初めての「道具」だし、うまく使えなかったらゴミになってしまう可能性もある。ならば「僕が買う！　使用後キープ協会に寄付するから、翌年までどこかにしまっておいて。途中で使ってもよいから……」と言って、自費ではあるが予算の問題をクリアし、会場となるキープ協会に納得してもらった。

33のグループ

そして、2013年11月16日の清里ミーティング初日。いよいよ円形ダンボール板を使ったワールドカフェのデビュー戦だ。開会式から全体会の基調講演を聞くまで、会場は椅子だけ並べたシアター型で200人が座ることになっていた。基調講演が終わったところで声をかけて、6人グループをつくって車座になってもらい、そこに円形ダンボールを投入する計画でいた。果たしてうまくいくだろうか？　不安がいくつかあった。

そもそも、この円形ダンボールを6人で囲んで座り、33テーブルできたとして、会場に収まるスペースがあるのかという不安。キープ協会のスタッフに手伝ってもらい、会場の床に均等に33のテーブルの中心点をプロットしてもらった。「川嶋さん、けっこう余裕ですよ」という話を聞いてホッとしたが、まだ半信半疑だった。次の気がかりは、座ったメンバーがドンドン話してくれるか、さらにはジャンジャン書き出してくれるかだった。ただ、参加者の半分は清里ミーティングに2回以上参加しており、「参加型のワークショップ」には慣れているはずだから、「話す&書く」ことは、それほど心配しなかった。

けれども一応の安全策として、参加型の学びの場に慣れている参加者33名に「テーブルマスター」になっていただくように事前にお願いし、会場の床にプロットした33の円の中心にすぐ行けるように着席してもらうことにした。テーブルマスターには、グループにわかれるときに自分以外の5人を集めてもらうようにお願いした。

最後の心配は、講演のあと速やかに33のグループにわかれて車座を組んでもらえるかであった。そこで、直前のオリエンテーションでテーブルマスターに左ページのような3枚のレイアウト図を示し、参加者全員にもスライドを見てもらいイメージを共有してもらった。レイアウト変更はあっという間に完了した。あとになってみれば、ここまで丁寧な段取りをすることもなかった。ここまで丁寧な段取りをしたのはこの回のみだった。

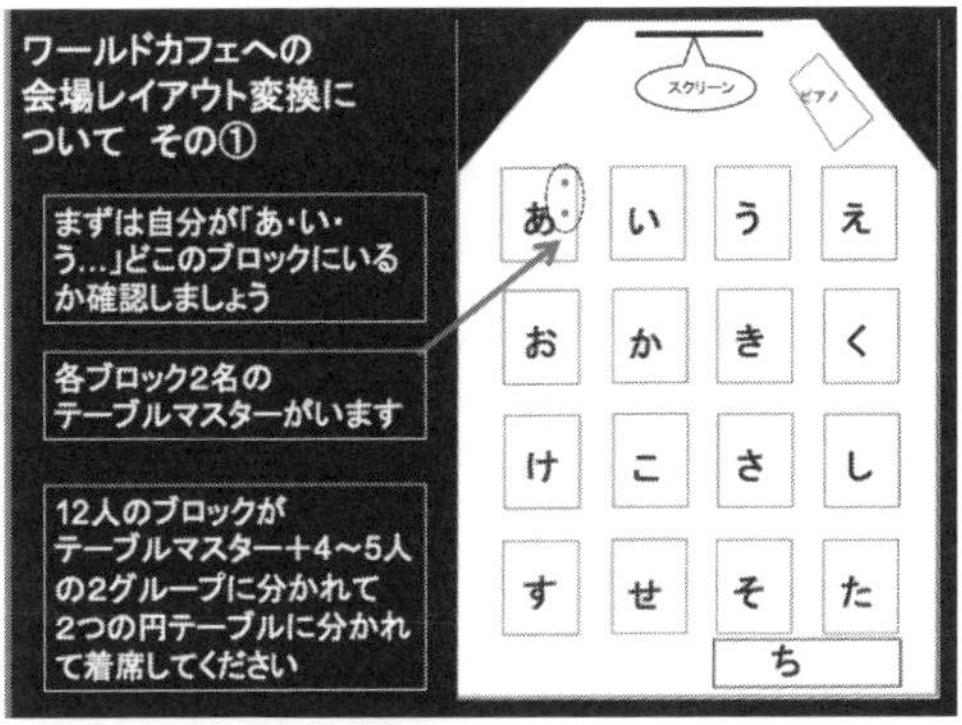

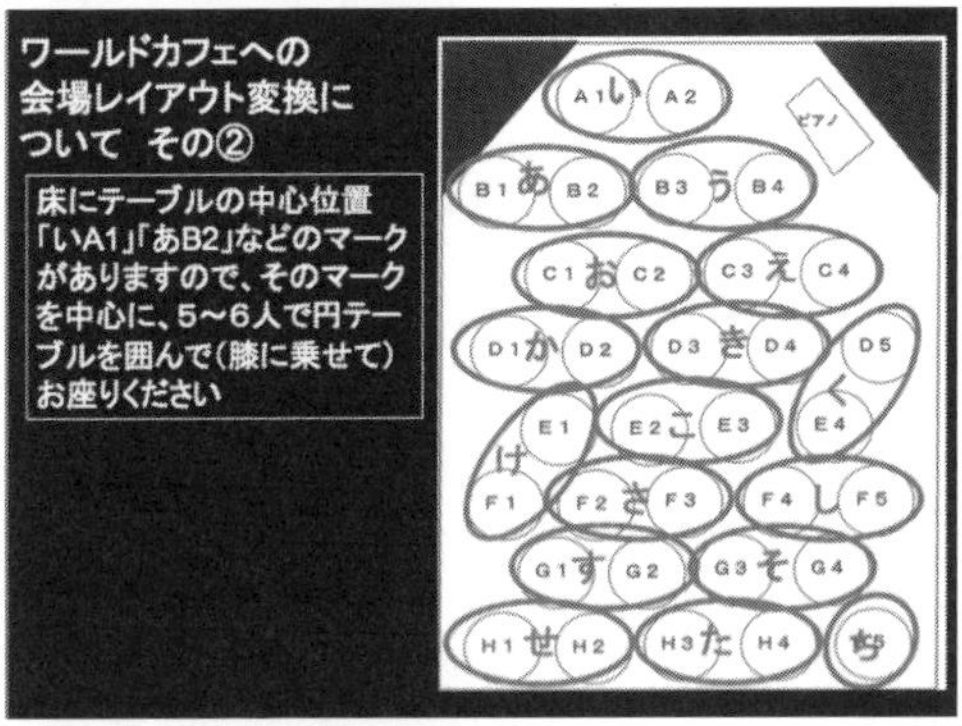

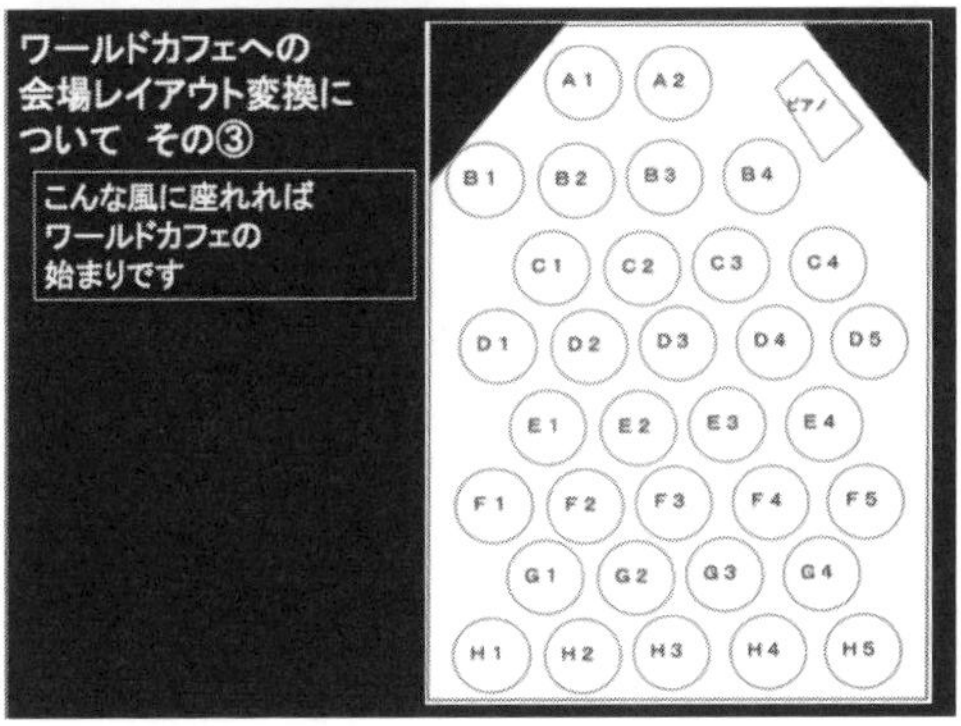

2013年の清里ミーティングで、会場レイアウト転換のために投影したスライド

結果は「案ずるより産むが易し」で、時間的にも実にスムーズに33のグループが生まれ、空間的にも各グループの間をゆったり歩き回れるぐらいの会場レイアウトができあがった。テーブルマスターの活躍により各テーブルでのコミュニケーションはまったく問題なく、会場は一度に33テーブルの33人が話す賑やかさとなった。各テーブルマスターはホスト役も兼ね、上手に初参加者の参加を促してくれた。クラフト紙には話されたキーワードが次々と書かれていった。

初めての「えんたくんミーティング」(このときはまだ「えんたくん」の名前はなかったが)の予定時間は80分。今にしてみれば「もう少し短時間でもできた」ところだが、最初のチャレンジなので少し丁寧な進行を意識しての時間設計だった。

初めての「えんたくんミーティング」

このときの時間割は左の表のようになった。

このうち、13時35分から15分間ずつ、2人の講師がテーマについて話題提供をしたあとの、14時05分から15時25分までの80分間が「えんたくんミーティング」の時間となる。

この回のお題は「私の環境教育　トレンド・キーワード」とした。直前の話題提供では、「持

13：30	0：05	全体会１ ・全体の進め方紹介（オリエンテーション）
13：35	0：15	全体会１ ・話題提供①
13：50	0：15	全体会１ ・話題提供②
14：05	0：10	全体会１ ・グループ作り＆ダンボール天板など配布
14：15	0：20	全体会１ ・ワールドカフェ（１ラウンド目）
14：35	0：20	全体会１ ・ワールドカフェ（２ラウンド目）
14：55	0：20	全体会１ ・ワールドカフェ（３ラウンド目）
15：15	0：10	全体会１ ・ワールドカフェ（ハーベスト？）
15：25	0：05	全体会１ ・まとめ ・次の時間のアナウンス

13：30〜15：25までの時間割

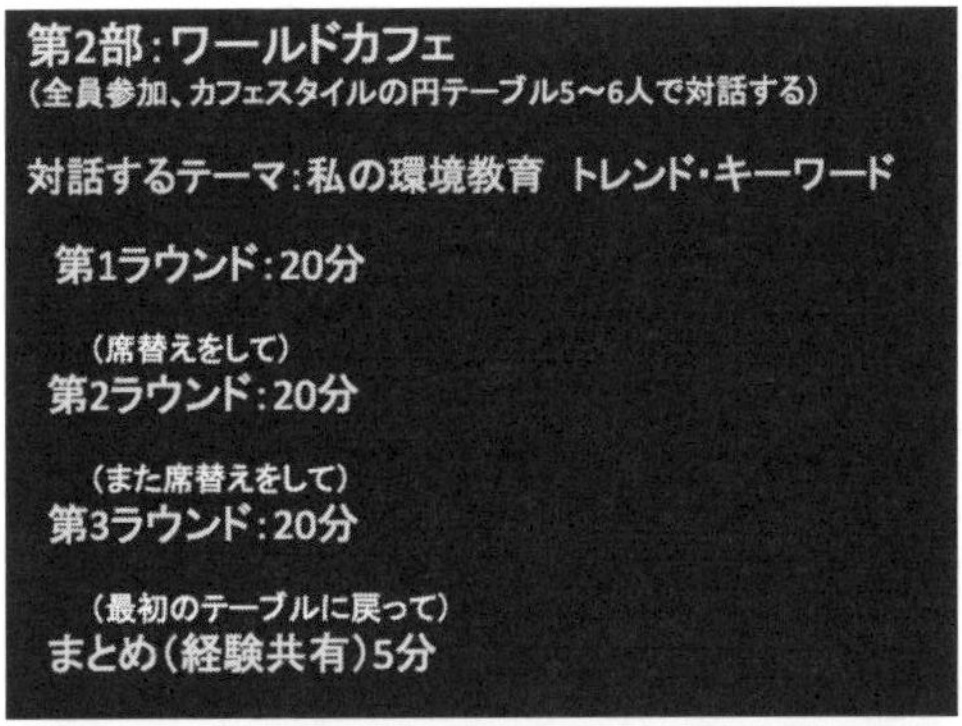
第2部：ワールドカフェ
（全員参加、カフェスタイルの円テーブル5〜6人で対話する）
対話するテーマ：私の環境教育　トレンド・キーワード
第1ラウンド：20分
（席替えをして）
第2ラウンド：20分
（また席替えをして）
第3ラウンド：20分
（最初のテーブルに戻って）
まとめ（経験共有）5分

ワールドカフェの
流れを伝える

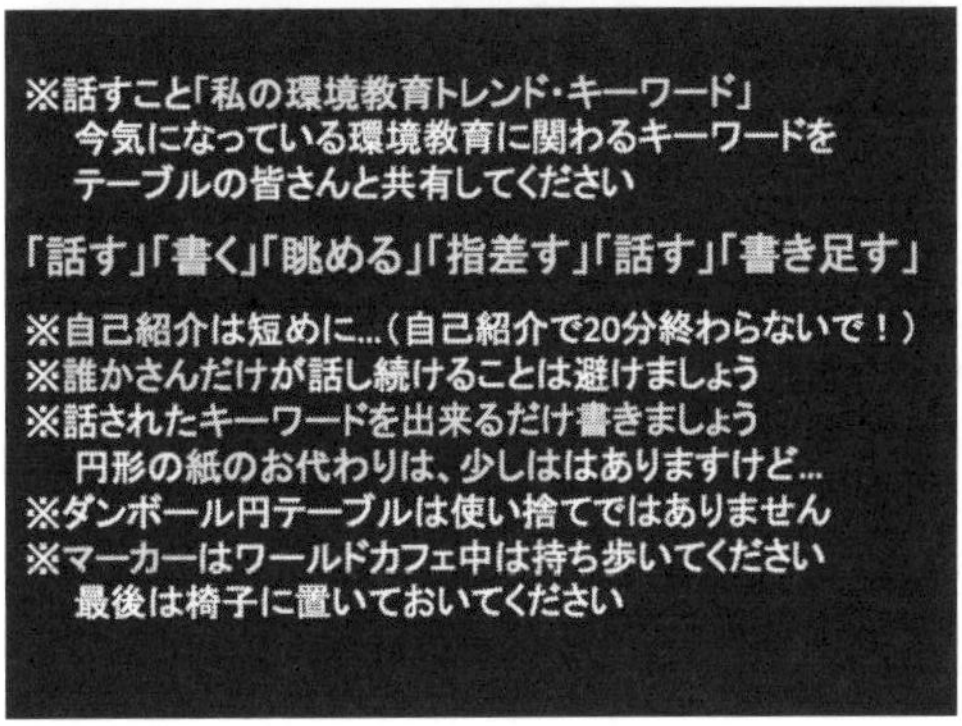
※話すこと「私の環境教育トレンド・キーワード」
今気になっている環境教育に関わるキーワードを
テーブルの皆さんと共有してください
「話す」「書く」「眺める」「指差す」「話す」「書き足す」
※自己紹介は短めに…（自己紹介で20分終わらないで！）
※誰かさんだけが話し続けることは避けましょう
※話されたキーワードを出来るだけ書きましょう
円形の紙のお代わりは、少しはありますけど…
※ダンボール円テーブルは使い捨てではありません
※マーカーはワールドカフェ中は持ち歩いてください
最後は椅子に置いておいてください

共通の話題を対話のテーマに

続可能な開発のための教育（ＥＳＤ：Education for Sustainable Development）の10年推進会議」代表の阿部治さんから「ＥＳＤに関わるキーワード」が紹介され、立教大学大学院異文化コミュニケーション研究科特任准教授の中西紹一さんからは「反転授業」など新しい学び方に関わるキーワードが紹介されていた。

初参加者が半数いるなかで、皆が参加できる共通の話題をテーマにすることは、非常に重要なポイントとなる。初めての参加者でもベテランの参加者でも、それぞれの「今イチバン気になっている（自分にとってトレンドである）環境教育に関するキーワード」は必ずあるはずという想定のもと「私の環境教育　トレンド・キーワード」を対話のテーマに決めた。

進行は1ラウンドを20分として、2ラウンド目、3ラウンド目と、席替えをしていった。進行しながら急遽、各ラウンドの時間を短縮して4ラウンド制にした。最終ラウンドで最初のテーブルに戻って終えるほうが収まりはよいと思ったし、そのためには最低でも4ラウンドが必要だ。そしてこのスタイルは今でも僕の基本形となっている。ラウンド間の席の移動中、33人のテーブルマスターにはホスト役として席を替えることなくテーブルに留まっていただいた。毎回ホスト役を替えるという選択肢もあったのだが、ひとつのテーブルで話されたことの全体像を把握している「誰か」が居てほしいと思ったからだ。

各ラウンド20分は今にしてみれば「多少長い」と感じる時間だ。僕の場合アイスブレイク的*に初対面の人がより多くの人と知り合うための場が多いので、1ラウンドの長さは大体12〜15

＊初対面同士の冷たい雰囲気を融かして参加しやすくする技法

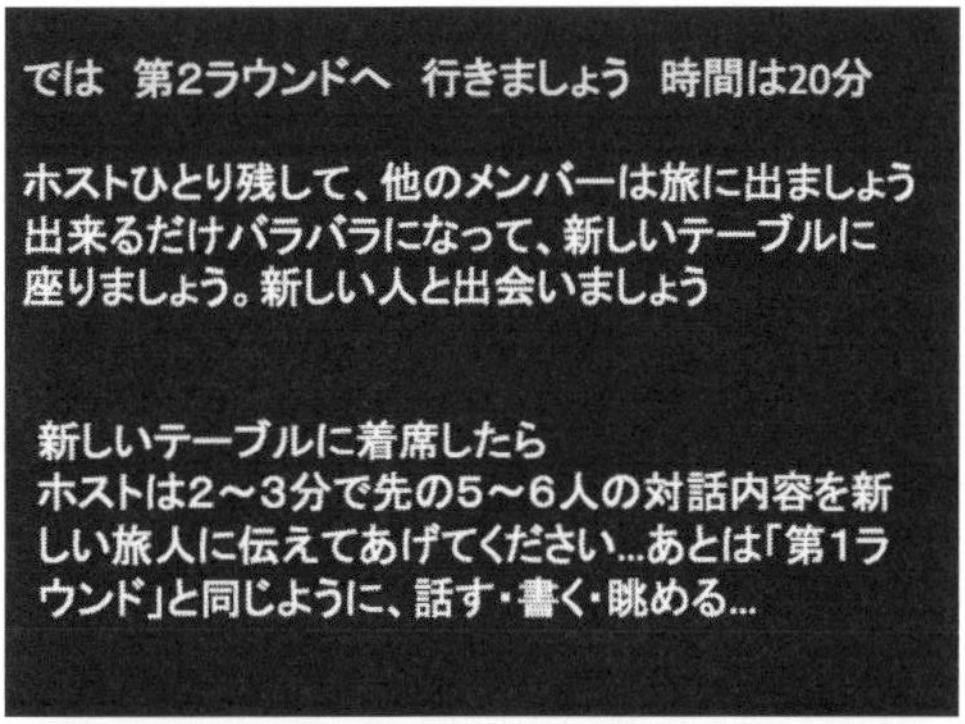
では　第2ラウンドへ　行きましょう　時間は20分
ホストひとり残して、他のメンバーは旅に出ましょう
出来るだけバラバラになって、新しいテーブルに
座りましょう。新しい人と出会いましょう
新しいテーブルに着席したら
ホストは2～3分で先の5～6人の対話内容を新
しい旅人に伝えてあげてください…あとは「第1ラ
ウンド」と同じように、話す・書く・眺める…

次のラウンドへ移動を促す

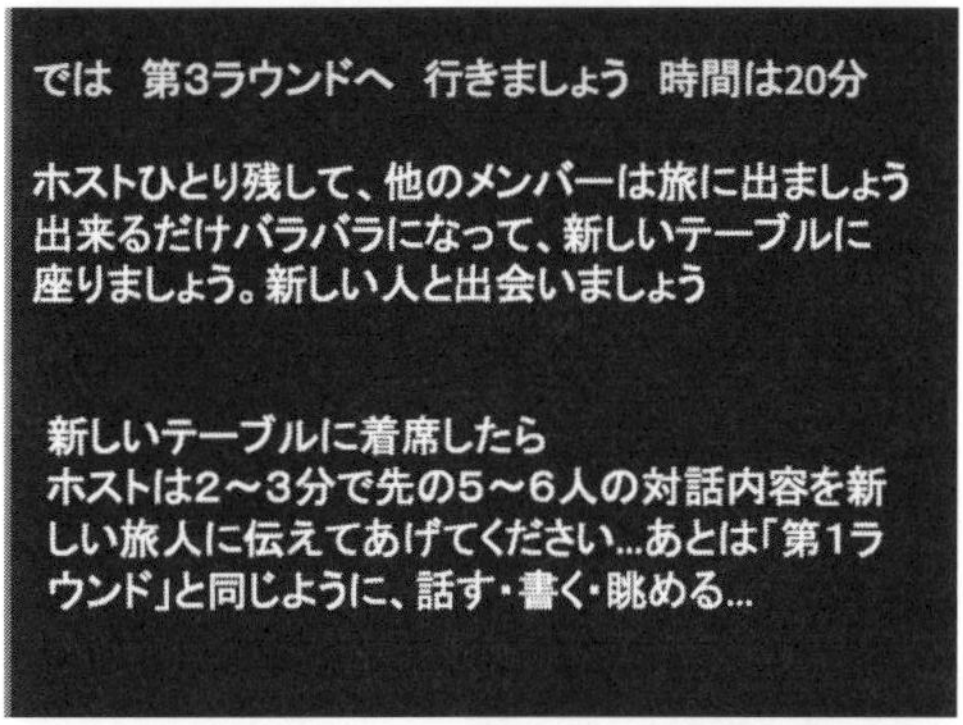
では　第3ラウンドへ　行きましょう　時間は20分
ホストひとり残して、他のメンバーは旅に出ましょう
出来るだけバラバラになって、新しいテーブルに
座りましょう。新しい人と出会いましょう
新しいテーブルに着席したら
ホストは2～3分で先の5～6人の対話内容を新
しい旅人に伝えてあげてください…あとは「第1ラ
ウンド」と同じように、話す・書く・眺める…

もう一度、別のテーブルへ

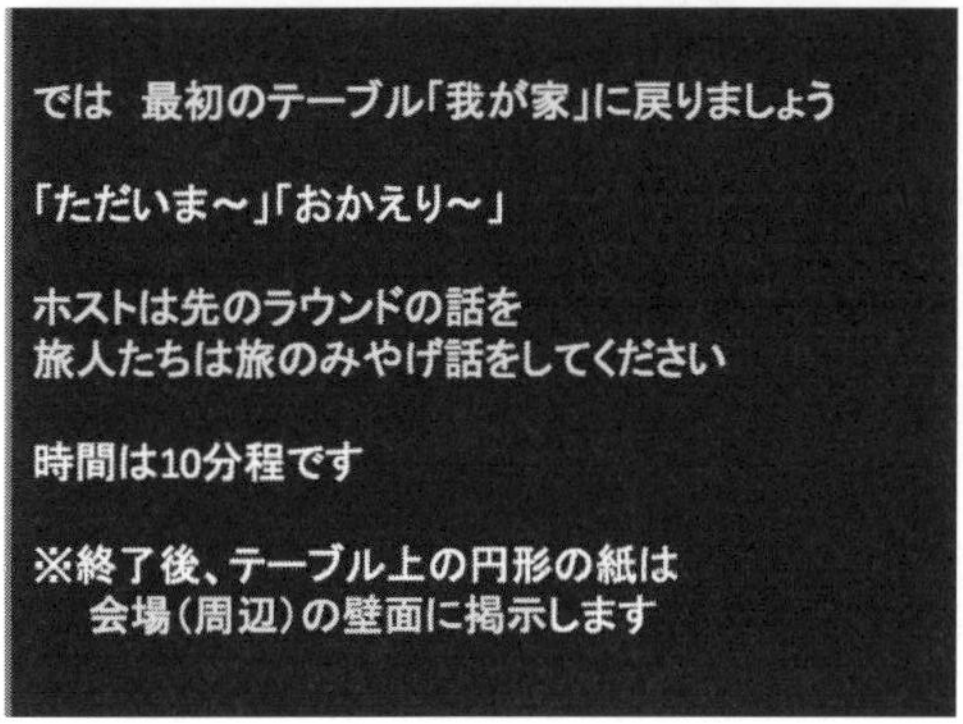
では　最初のテーブル「我が家」に戻りましょう
「ただいま～」「おかえり～」
ホストは先のラウンドの話を
旅人たちは旅のみやげ話をしてください
時間は10分程です
※終了後、テーブル上の円形の紙は
会場（周辺）の壁面に掲示します

急遽このスライドを作成して「第４ラウンド」を加えた。最初のテーブルに戻る

分くらいがちょうど良いと感じる。

最終ラウンドは最初のテーブルに戻ってもらった。各テーブルで話された内容を全体で共有する（ハーベスト＝収穫する）方法はいろいろあるが、33テーブルもあったこの回では「そのテーブルでどんな面白い話があったか」をいくつかのテーブルから報告をしてもらった。

この「えんたくんデビュー戦」の参加者の感想は詳しく聞いていない。ただ、参加者の「顔」を見れば、成功したことは明白だった。巨大な円形ダンボールが登場した時点で、会場全体が「なんだ、こりゃあ！」と、大盛り上がりだったのだから。狙った以上の反応だった。

下のスライドは、この日の「えんたくんミーティング」の途中で僕が急遽つくり、最後に投影したスライドだ。この円形ダンボール板の名前も、それを使ったこのミーティングの名前も、実は直前まで決まっていなかった。そこで、その場での思いつきで考えたものが「ＡＲＴミーティング」

この方法は
今日はじめて試みました
ART ミーティング
ART=Air Round Table
と さっき 命名しました
イイでしょ？
世界中に流行らせてください！

その場で思いついた「ARTミーティング」……

清里ミーティング2013　当日の様子

だった。ＡＲＴとは「Air Round Table」の頭文字。「空中に浮かぶ丸テーブル」というネーミングだった。けれど、このときすでに予感してはいたが、この名前は流行ることもなく、自分でも数回だけ使って終わった。

ネーミング秘話

この翌日、僕はフェイスブックのタイムラインで、円形ダンボールを使ったワールドカフェについて報告をした。前述したように、この時点では円形ダンボールには特に呼び名はなく、ダンボールを使ったワールドカフェについてはミーティング中に思いついた「ＡＲＴミーティング」という名称を使っている。

〈清里ミーティング２０１３で、新しいワールドカフェのお道具がデビューしました。天板は直径１メートルの８ミリ厚のダンボール。集まった４～６人の膝でテーブルを支えます。軽い、安い、保管場所を取らない、円の力で急速に仲良くなれるスグレ

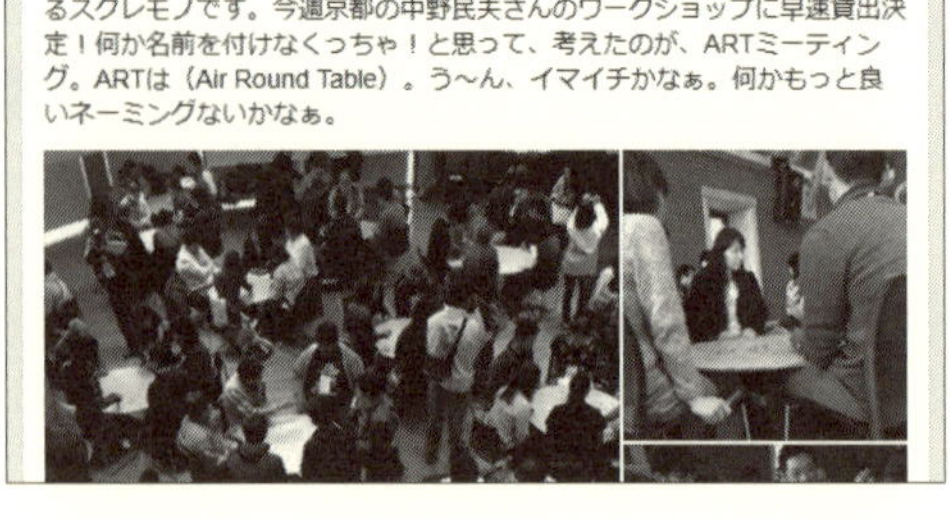
川嶋 直さんが写真4件を追加しました。
2013年11月17日

清里ミーティング2013で、新しいワールドカフェのお道具デビューしました。天板は直径1mの8ミリ厚のダンボール。集まった4～6人の膝でテーブルを支えます。軽い、安い、保管場所を取らない、円の力で急速に仲良くなれるスグレモノです。今週京都の中野民夫さんのワークショップに早速貸出決定！何か名前を付けなくっちゃ！と思って、考えたのが、ARTミーティング。ARTは（Air Round Table）。う～ん、イマイチかなぁ。何かもっと良いネーミングないかなぁ。

モノです。今週京都の中野民夫さんのワークショップに早速貸出決定！　何か名前を付けなくっちゃ！と思って、考えたのが、ARTミーティング。ARTは（Air Round Table)。う〜ん、イマイチかなぁ。何かもっとよいネーミングないかなぁ〉（2013年11月17日　Facebookの投稿より）

自分でもそのネーミングに納得していなくて、新しいネーミングのコメントを求めるように投稿したのであった。

その日から全国各地のファシリテーターたちがさまざまなネーミングを提案してくれた。清里ミーティング終了日の午後4時までにはけっこうな数のネーミング提案があがってきた。

「まるだんミーティング」「ダンボール選記」「ターンボール・ミーティング」「まるももミーティング」「だんまるちゃん」「段らんミーティング」「まるちゃん」「えんたくん」「momo」「サークルミーティング」「サークルボード」「丸いダンボールで膝を付け合わせ隊」「本当はアナタをもっと知り隊」「丸のよろこび！」「デスクログ(Desk Logue)」

……などなど、このなかに愛媛県の松野陽平さんから寄せられた「えんたくん」があった。その語感の可愛らしさ、円卓をイメージさせ、「……くん」で人格も得たようなネーミングが気に入った。

およそ一週間後、僕は自分のフェイスブックに、次のように投稿している。

〈その後もナイスなネーミングありがとうございます。皆さんで使ってゆくうちに、呼びやすく、理解されやすい名前が決まるんだと思います。ネーミングには2種類あって、円形のダンボールそのものを指す名前と、ミーティング（あるいはワールドカフェ）のやり方を指すものです。僕は最近では前者は「えんたくん」（松野陽平さん作）と呼び、後者はＡＲＴカフェ（自作）と呼んでいます。円卓会議をイメージさせて響きもカワイイ「えんたくん」がお気に入りです。またミーティングのやり方は、最初はＡＲＴミーティング（Air Round Table）と呼びましたが、ＡＲＴカフェの方が語呂がよいと思っています〉（２０１３年11月25日　Facebookの投稿より）

この時点では、円形ダンボールを「えんたくん」、それを使ったワールドカフェを「ＡＲＴカフェ」と呼んでいた。けれど、「ＡＲＴカフェ」では、いちいち「ＡＲＴ」の意味（Air Round Table）を説明しないとわからないので、えんたくんが普及するのに合わせて、ＡＲＴカフェは姿を消し、「えんたくんミーティング」に落ち着いたのであった。

中野民夫さんの反応

えんたくんのことは、ファシリテーターだったら誰でも「これは！」と驚くだろうと思っていたが、最初に反応してくれたのは中野民夫さんだった。中野さんは用事があって清里ミーティングの初日には遅れてきたのだが、２日目にえんたくんを使った話し合いの世話役を体験して、早速その週末に行われる同志社大学の授業（１１３ページ）で使いたいという申し出があった。

中野さんはそれまでに何度もワールドカフェをコーディネートしてきた経験があった。２００９年の「イマジン・ヨコハマ」というイベントでは、パシフィコ横浜の大きなホールで５００人規模のワールドカフェをやったということだ。そのときは丸いテーブルをリースしたので、かなりの費用がかかったらしい。そういう経験があったから、気軽なダンボールで、いつでもどこでも使えるえんたくんに、「これはスゴイ！」と感じてくれた。今からダンボール加工会社に注文しても間に合わないからということで、清里で使ったものを同志社大学に送ったのだった。

広がるえんたくん

えんたくんは間もなく、静岡のダンボール加工会社である三ヶ日紙工で販売するようになった。えんたくんの存在をフェイスブックで知った各地のファシリテーターたちが次々に問い合わせて購入するようになり、ウェブ販売ページにえんたくんが登場したのだ。えんたくんの具体的な使い方を公開していたわけではないが、参加型のコミュニケーションの場づくりに長けているファシリテーターの皆さんは、アチコチでえんたくんを使いこなし、好評を得ていたようだ。

これだけ好評だったのは、それぞれのファシリテーターのチカラと同時に、えんたくんそのものチカラもあったと思う。膝に乗せても重さをまったく感じない軽やかさ、梱包用のダンボールがこんな機能を果たすという意外さ、真っ白な模造紙ではなくリサイクル可能なクラフト紙に書くという気軽さ、そして1セット（えんたくん＋同直径のクラフト紙）で数百円というコストパフォーマンス、そして「えんたくん」というネーミングの親しみやすさ。不安定だけど、どこもゴツゴツしていない形には、皆でコタツに入っているような温かみがあった。さらに紙に言葉を手書きすることで、対話の「軌跡」だけでなく、話し手、聞き手の「温度」、お互いの考え方の「関係」を可視化して残すことができる。

こんなチカラを、えんたくんそのものがもっていたのだ。

持ち運べる「えんたくん」

そのうちに、各地のファシリテーターから「あの大きさのえんたくんでは電車にもタクシーにも乗れないよ！」という声が聞こえてきた。外で持ち歩くにも、強風が吹くと煽られる。清里ミーティングでのデビュー時には、えんたくんは「会場備え付け」の備品と考えていたのだが、ファシリテーターたちは、えんたくんをさまざまな会場に持ち込んでミーティングをするようになっていたのだ。僕は三ヶ日紙工の沼津社長が東京に来たときに「半円のえんたくんっ

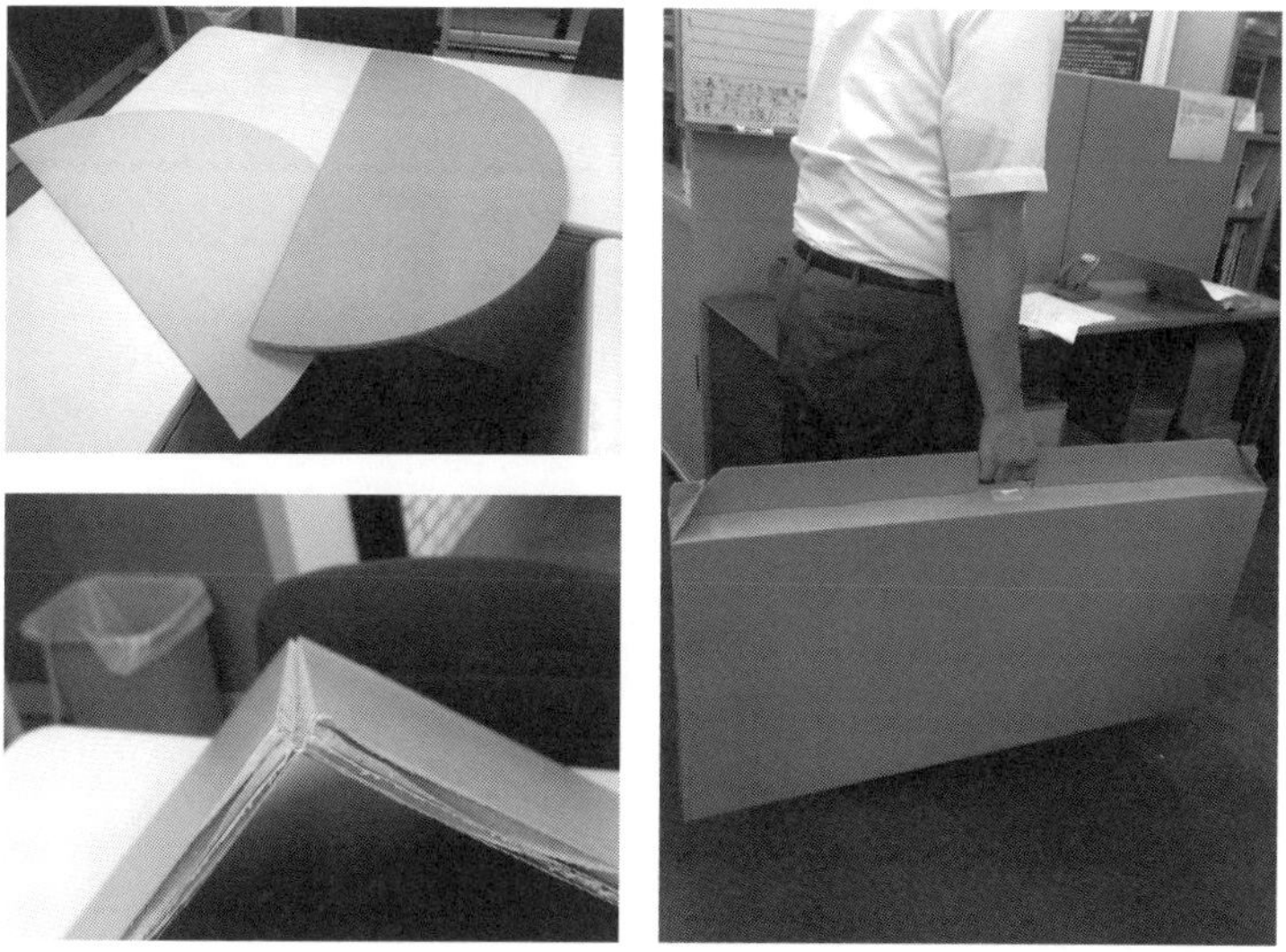

折りたたみえんたくん

てできないですか？」と相談してみた。沼津社長からは「できますよ」との回答。早速試作をお願いし、２０１４年９月中旬には試作品が届いた。僕はフェイスブックに次のように投稿している。

〈「折りたたみえんたくん」日本環境教育フォーラムの事務所で確認しました。けっこうしっかりしている。えんたくん５枚＋同直径のクラフト紙５枚のセットで、持ち運びできるダンボール箱に入っている。これで30人のえんたくんミーティングができる。早速製作会社と相談しましたら、10月1日には販売開始できそうです。トートバッグ型の肩下げ袋は乞うご期待ということで……〉

（２０１４年９月16日　Facebookの投稿より）

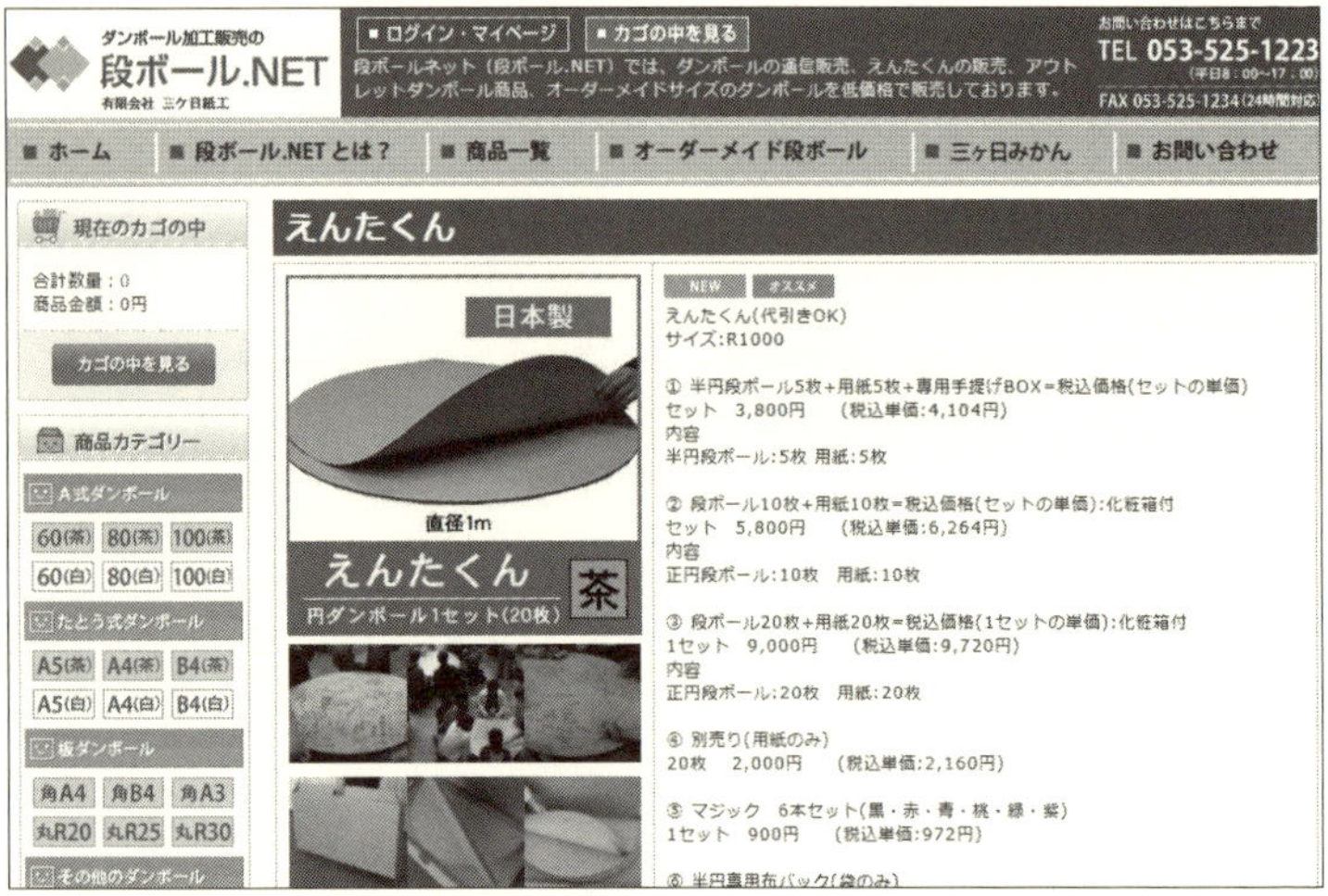

三ヶ日紙工のホームページ。川嶋の撮影した写真が使用されている（2018年３月現在）

一度に持ち運ぶのは5枚が限度。持ち手なども壊れないように工夫した（現在ではさらに改良されている）。10月中旬に「折りたたみえんたくん」の発売が開始された。

〈「折りたたみえんたくん（半円ダンボール）」ついに販売開始です。直径1メートル、厚さ8ミリの円形天板のみのテーブル。4～6人で円座を作り皆の膝だけで天板を支えてミーティング。ワールドカフェには最強の道具です。昨年の清里ミーティングで初登場。今年の清里ミーティング（11月15～17日）でも使いますよ〉（2014年10月14日 Facebookの投稿より）

これでめでたく、えんたくんは地球上どこでも使える道具になったのであった。

世界に広がるえんたくん

２０１５年８月、全国の高等専門学校の学生が参加するイベント「ＩＳＴＳ２０１５（5th International Symposium on Technology for Sustainability）」がマレーシアで開催された。この年の当番校の明石工業高等専門学校の平石年弘先生は、大阪で行われた僕のワークショップに参加したときにえんたくんを知り、先生の発案でえんたくんを持参して渡航することになったようだ。こうして「折りたたみえんたくん」がマレーシアに上陸した。

百数十人のマレーシアの学生との交流も、えんたくんの活躍のおかげで大成功。マレーシアの大学の先生が「欲しい」と言うので、えんたくんはそのままマレーシアに骨を埋めることになった。

２０１６年３月には、南米のペルーでもえんたくんが活躍した。青年海外協力隊には僕も長く関わっていて、事前

折りたたみえんたくん@空港荷物

の研修でえんたくんを使ったこともあり、何人かの隊員は、日本でえんたくんの経験者だった。その隊員の紹介で、南米滞在中の日本人の協力隊と現地の人との交流会にえんたくんが使われた。このときは日本から持っていかず、協力隊の皆でダンボールを切って作った手作りえんたくんだ。

日本インタープリテーション協会代表理事の古瀬浩史さんが「直さん、ペルーでもえんたく

日本から持っていった折りたたみえんたくん@マレーシア

んが行われてましたよ～」と、フェイスブックで写真とともに報告してくれた。

２０１４年3月、日中市民社会ネットワーク（ＣＳネット）による「東アジア地球市民村」というイベントで、上海でもえんたくんが使われた（１２３ページ）。現地のダンボール工場でえんたくんを作ることは可能だった。通訳も入れて多めの人数でテーブルを囲むため、２枚重

現地で手作りしたえんたくん@ペルー

ねてひょうたん型のえんたくん使いとなった。残念ながら上に乗せる丸い紙は調達できなかったようで、四角い紙が重ねられている。

三ヶ日紙工にも海外発送の問い合わせがあるそうだし、把握していないだけで、もっとたくさんの場所でえんたくんが使われているのだろう。ペルーや上海の例でもわかるように、えんたくんは世界中どこでも作ることだってできるのだ。

上海でもえんたくん。日中韓台で漢字でコミュニケーション

２枚重ねて並べて使うえんたくん

あるファシリテーターからは、どこかの町で町内会のお年寄りがえんたくんを楽しそうに使っていたという話を聞いた。きっと僕らのやり方とは全然違うかもしれないが、こういうことはとても嬉しい。

誰でも「設計」できる道具

世の中一般の話として、人が何十人、何百人と集まったときに、果たしてどのくらい「よい話し合い」ができているだろうか。えんたくんを思いついたときに僕が「これはよい」と強く感じたのは、「この話し合いはひどい」と思った経験が過去にたくさんあり、それをなんとか改善したかったという背景があった。自分がよい例をバンバンつくってきたというわけではないが、世の中にはあまりにも残念な場面が多い。

講演会のような場面を思い起こしてみよう。

まず一方的に講師が話して、最後に質問を一応受け付ける。けれども会場はシーンとして誰も質問をしない。「それではお時間になりましたので、○○先生どうもありがとうございました、本日は本当によいお話が聞けました」パチパチパチパチ。

……こういう場面は、この瞬間にも日本中でたくさん見られるはずだ。それに対して、たとえば講演の直後に「ぺちゃくちゃタイム」（ＰＫＴ）を設ければ、参加者同士で……

「今の話わかりました?」「僕はいい話だと思いましたよ」「どのあたりが……」などとやりとりをしているうちに、「僕はあのへんがわからなかった」「私もです」「じゃあ聞いちゃいましょうか」

……というふうに、質問もしやすくなり、手も多くあがるものだ。また、PKTをはさむことにより、独りよがりの質問はしづらくなり、質問の質はぐっと向上する。もちろん、そのような工夫などまったく不要な素晴らしい講演はあるし、貴重な話の内容を知るだけで十分という考え方もある。

結局、伝える側は伝えることをたくさん用意して発信すれば、満足してしまうことが多い。用意されたパワーポイントが見づらい、情報量が多すぎて追いつけないという残念体験だってよくある。主催者も講演者も本当に相手に伝わったのかどうかを気にしなさすぎるのではないか。

ファシリテーターといえばさまざまな意見をもつ参加者を巧みに参加させて、最後に上手に結論へ導く役どころというイメージがあるかもしれない。けれども、大切な役割として事前の「プログラムの設計」という仕事がある。音楽に例えるならプログラム設計は作詞作曲の作業になる。具体的には、プログラム設計は「時間の設計」「空間の設計」さらに「関係性の設計」――ひとりで考えるのか、隣りの人と話したり、グループになって話し合うのかなど、この3つの設計を意識するとよい。

プログラムを設計するとき、僕は「参加型」「体験型」「全方向型」を意識してきた。講演は一方向の、質疑応答は双方向の関係性。講師からだけでなく参加者皆からも学ぶ機会をつくるのが、全方向の関係性だ。それをうまく、時間設計、空間設計のなかに組み込んでいく。その設計図＝楽譜をもとに演奏会をするときの指揮者がファシリテーターで、参加者皆が演奏者、そんなイメージだ。でも、世の中には、その設計がほとんどされていない場面が多い。楽譜がないんだから、皆で演奏なんかできない。先生の独唱、むしろ独走みたいな感じになって、参加者は置いてきぼりになりがちだ。

僕はインタープリターとして、キープ協会の環境教育事業部や、全国の自然学校の仲間たちとともに、森の中に入って体験するアクティビティを参加者と楽しんできた。たとえば、丸い小さいシールに黒丸を書いた「目玉」を木の枝に貼って生き物に見立てたり、白い紙一枚に木漏れ日を投影して墨絵のような世界を楽しんだり……。森の中を歩くとき、何も道具がなければ参加者に説明し、質問に答えるためのたくさんの知識が必要だが、ちょっとした道具さえあれば感性にはたらきかけて知識の伝達以外の体験をすることができる。僕は参加者に持ち帰ってもらう知識の量よりも、その場面をどう皆で演奏するか、そして皆がどう感動するかが大事だと思っている。

そういう考え方をしてきたことが、えんたくんの発想につながったのかもしれない。えんたくんという道具さえあれば、ファシリテーションの経験が十分ではなくても、コミュニケーションを活性化させるという役割を果たすことができる。僕からえんたくんの使い方についてアドバイスをすることはできるけれど、そんなアドバイスなどまったくなくたって、誰が使っても楽しく、効果が出る、そういう道具がよいなと思ったのだ。そう、だからえんたくんには未だに取扱い説明書は付いていない。

言葉の空中戦ではなく、言葉の地上戦に

えんたくんミーティングは、書くこと、話すことの両方が大事だ。よく「言葉の空中戦」などと言うが、お互いの話が噛み合っていなくて、不要な衝突が起きていたり、ちっとも前に話が進まなかったり……、そんな場面を見ることがある。基本的に「話し合い」とは、そこまで話されたことを「記憶」して、自分なりに「認識」し、その認識に対して「自分の意見」を言うこと、その繰り返しだ。この記憶や認識が正確に行われないまま（つまり、正確に伝わることなく）相手に届くと、「誤解」や「誤認識」が起きて、その結果としての「自分の意見」も、とんでもないことになってしまう……。この悪循環が続くと、起きなくてもよい摩擦や衝突が生じてしまう。こうした状態を「言葉の空中戦」と言ったりしている。

そうした事態を避けるために「話されたことを書く」、つまり「見える化」のためのさまざまな行為が注目されている。パワーポイントでのプレゼンテーションも、ある意味で「見える化」のひとつだが、参加者同士のその場のやりとりの「見える化」には貢献しない。複数名の参加

者とひとりのファシリテーターという場面では、ホワイトボードや模造紙に話されたことを書き留める方法もよく使われる。えんたくんは、さらに大人数にも対応しながら手軽に用意することができ、対等な対話を促進し、言葉の「見える化」を行う。お互いが誤解したまま衝突することのない、地に足の着いた〝平和な〟地上戦を行うための強力な武器が誕生したのだ。

ワールドカフェ

1995年にアメリカのアニータ・ブラウンとデイビッド・アイザックスによって開発・提唱された話し合いの方法。「知識や知恵は、機能的な会議室の中で生まれるのではなく、人々がオープンに会話を行い、自由にネットワークを築くことのできる『カフェ』のような空間でこそ創発される」という考えに基づく。カフェのようにリラックスした雰囲気の場をつくり、全体を４～６人ぐらいのグループに分けてそれぞれテーブルを囲み、多様な意見を受け入れることを目的とした対話をする。20～30分ほど話し合ったらほかのテーブルに移り、組み合わせを変えながら話し合いを続ける。対話の間はキーワードを模造紙などに書き取ったり、図や絵で話し合いを可視化するグラフィックレコーディングなどの手法を使って内容を残しておき、最後に全体で共有する。えんたくんの基本的な使い方はワールドカフェをベースにしている。

参考図書

『ワールド・カフェ～カフェ的会話が未来を創る～』(アニータ・ブラウン、デイビッド・アイザックス他著　ヒューマンバリュー　2007年)
『ワールド・カフェをやろう 新版 会話がつながり、世界がつながる』(香取一昭、大川恒著　日本経済新聞出版社　2017年)

KP法(紙芝居プレゼンテーション法)

キーワードやイラストなどを書いた何枚かの紙(KPシート)をホワイトボードにマグネットなどで貼るだけのシンプルなプレゼンテーション法＆思考整理法。パソコンやプロジェクタ、スクリーンを準備する必要がなく、身近な道具で手軽につくることができる。プレゼンテーション以外に、作業手順の指示やグループ作業の合意形成や成果発表などにも使える。ファシリテーションの場や会議だけでなく、授業など教育の現場でも活用されている。

参考図書

『KP法　シンプルに伝える紙芝居プレゼンテーション』(川嶋直著　2013年　みくに出版)
『アクティブラーニングに導くKP法実践　教室で活用できる紙芝居プレゼンテーション法』(川嶋直、皆川雅樹共編著　2016年　みくに出版)

第3章

えんたくんミーティングを始めよう

――具体的な活用の手引

さあ、いよいよ実践です。ここでは基本的な「えんたくん」の使い方を紹介します。とはいっても、「これが正解」というわけではありません。2人の著者の使い方の違いがわかるコメントも合わせて、どんな風に使うか、考えるヒントにしてください。

基本的な流れ

1　準備／当日までにすること

2　準備／当日会場ですること

3　えんたくんミーティングを始める

4　チェックイン／1ラウンド目

5　2ラウンド目以降

6　ハーベスト

えんたくんの活用法は、それぞれのシチュエーション（対象・規模・環境・その場のねらい・その他の条件など）によって千差万別だが、ここでは「初対面同士の参加者中心」の場合の基本形をまとめておく。自己紹介によるアイスブレイクや、イベント時の「ふりかえり」などの簡便なものなら「**4**」まで、席替えをするワールドカフェ方式なら最後の「**6**」まで読んで、えんたくんミーティングをデザインするときの参考にしてほしい。また、学校等で継続的に使用する場合、2回目以降は「**1**」〜「**3**」を大幅に簡略化してよいだろう。一般的な活用法に加えて、著者のふたりがそれぞれのフィールドでの使い方や考え方もコメントした。

川嶋直

自然と人をつなぐインタープリター。最近は、KP法やえんたくんミーティングなど人と人をつなげるコミュニケーションの場づくりの仕事が増えている。企業人、NPOスタッフ、教員の研修など、参加者同士が初対面の場のファシリテーターとなる機会が比較的多い。

中野民夫

日本におけるファシリテーターの先駆者。ワークショップやファシリテーションという概念を日本で広げ、多彩な分野・規模のイベントや企画を動かしてきた。大学の教員となり、最近は授業や大学改革のための教職員ワークショップなど、継続的な学びの場に関わることが多い。

1 準備／当日までにすること

1-1 使う場面・使う目的を決める

この章を読んでいるあなたには、えんたくんが使えそうな機会が何かしらある、あるいはどんな場面で使えそうかと思案中かもしれない。たとえば「自分が主催するワークショップなどで使う」のであれば、そのテーマとえんたくんの使用法はある程度セットで考えることができるだろう。

　しかし、「セミナーや研修などの一部として主催者から依頼された」のであれば、その催しのなかであなたにはどのような役割を期待されているのか、時間や場所はどのように決まっているかなどを考慮して、そもそもえんたくんを使うべきか、またその使用法をどうするかについて考えていかなければならない。一般的に、えんたくんを使うのに向いているのは、さまざまな人と交流したり、互いにアイデアや意見を共有するような場だ。けれども工夫次第では

えんたくんは、プログラム前半のアイスブレイク時に効果的で、たくさんのキーワードや話題を出していく使い方が合っていると思います。イベントの最後に話をまとめたり、テーマを掘り下げて論理的に組み立てるなら、誰かが書記になってホワイトボードでまとめるなど、えんたくん以外の方法を使ったほうがよいでしょう。

えんたくんは「対話促進ツール」ですから、参加者同士が話し合い、お互いから刺激を受け、学び合ったり新しいアイデアを発想するなど、「共有」や「拡散」の場で有効です。参加者が看護師など同じ業界の実践者である場合は、各自の現場での悩みや工夫、成功例や失敗談を共有すると、盛り上がります。

さまざまな使い方が考えられるだろう。

ここでは基本形として60分から90分程度のひとまとまりの流れを想定しているが、たとえば一日かけた研修のうち、2〜3時間ごとの区切りにえんたくんを投入して「ふりかえり」を行うという形も考えられる。講演会のあとに小グループに分かれ、えんたくんを囲んで感想を話し合うというシンプルな使い方も。いずれにせよ、まずはえんたくんを使う目的や役割を意識化しておくことが大切だ。

ミラックの西村勇哉さんがワールドカフェを応用した「ダイアログＢａｒ」では、まずゲストの「話題提供」、次に「少人数での対話」を経て「全体でのやりとり」という形式が一般的です。この「少人数での会話」にえんたくんを使うと効果的でしょう。同じ話を聴いても、自分とは違った受け取り方をする人、異なる部分に注目する人がいることを知ると、自分の世界が自然に少しずつ広がっていきます。学生は、親や教師から言われるよりも、対等な仲間から言われたほうが、「へぇ〜！」と素直に思えるようですね。

ポイント

・イベント全体のなかで「えんたくんミーティング」の時間的・役割的な位置づけを考える
・えんたくんを使う目的や役割を意識化してから、具体的なテーマや時間配分を決める

1-2 話し合うテーマ・時間配分を決める

参加者が席について、いきなりえんたくんミーティングに入ることはめったにない。最初にイベント（講演会・セミナー・授業・ワークショップなど）全体のテーマに関連した講演やプレゼンなどがあって、それを受けて、参加者に対話の取りかかりとなるものを投げかけるケースがほとんどだ。参加者の属性、年齢層やテーマに対する理解度の幅などが事前にわかれば、それぞれの場に合わせたえんたくんミーティングのテーマを立てられる。

ファシリテーターの大事な仕事のひとつが、話し合いの「問い」を立てること。その言葉の選び方ひとつで、参加者がノリノリになって活気あふれる話し合いになったり、逆に言葉が出てこなくてシーンとしてしまったりする。たとえば、全体のテーマの「〇〇（キーワード）と自分」という形にしたり、そのテーマに対する課題を提案、共有することを目的にすると、誰でも参加しやすい。話し合いに慣

最初に話し合うお題は、講演後なら「話を聴いて印象に残ったこと」など、率直な感想から始めるのがよいでしょう。ワークショップでは、全体のテーマについての各自のこれまでの体験や原点など、具体的な事実の共有から始めるのがよいと思います。良い悪いで「裁かれる」恐れの少ない問いです。最初に「それは違うよ」などと言われるとくじけてしまいますから。

ファシリテーターは使える時間を人数で割る、逆にひとり当たりの時間に人数をかけるなど、いつも時間の計算をしています。時間を決めずにスタートしてしまうと、最初の自己紹介だけで1ラウンド終わってしまう可能性もあります。僕はかなりきっちり時間を設計するほうです。

れて関係の質が上がってきたら、次第に忌憚のない意見を出し合ったり、これからの実践に結びつく問いにしていく。ステップを踏みながら深まるように問いをよく考えるのが大事だ。時間割や手順の説明も作っておく（➡3-1参照）。

話し合うテーマを決めるのと同時に、グループ人数、時間配分も決める。1グループの人数は、4人から6人ぐらいで行われることが多い。ただし、参加者や場の特性によって考える必要がある（➡3-2参照）。

えんたくんミーティングは、複数のラウンドで席替えをする「ワールドカフェ」方式で行うのが一般的。「3ラウンド制ですべて違うテーブルに移動する」あるいは「4ラウンド制で最後に最初のテーブル（ホーム）に戻る」という形が基本としてやりやすい。「たくさんの人と話す」ことが目的なら、話し合う相手を変えつつどのラウンドも同じテーマを話すやり方で、「たくさんのテーマを話す」ならラウンドごとに相手もテーマも変える方法もある。ファシリテーターやゲストの話が長くなる場合は、集中力が切れないよ

腰を据えて話すには、1ラウンドに20分は欲しいところ。それ以下だと「せっかくいいところなのに」と不満に感じることが多いです。2ラウンド制でやることもありますが、やっぱり3ラウンド制のほうが多彩な人に出会えてよいと思います。逆に、30分以上を3ラウンドも4ラウンドもやると、ちょっと疲れてしまいます。私の標準的な理想は、導入ワークのあと、25分かける3ラウンドにハーベストの時間を十分に加えた合計2時間半から3時間半ぐらいです。

僕は初対面の人同士ができるだけたくさんの人と出会う場合での使用が多いので、1ラウンドは15分程にして1時間で4ラウンド行います。

僕は最後のラウンドで最初のテーブルに戻ってくる形が好みです。ホームがあれば、お互いが

う、合間にラウンドを挟む構成にするのもよいだろう。前項で書いたように、自分で必要な時間をつくりだせるのか、決まった時間や場所が割当てられているのかによって異なるが、ラウンドごとの長さやラウンド数、最後にどれだけ丁寧に「ハーベスト」の時間（**➡6参照**）をとるかも考えて調整しよう。

初対面であっても多少は安心できる場になるからです。その場合は4ラウンド以上がよいでしょう。最後にどういう旅だったかを初めのテーブルでシェアします。ただし、場が閉じすぎないよう、あまり「ホーム」を強調しないことも大切です。

ポイント

・話し合いの「見える化」「全員参加」など、えんたくんの特徴を生かして設計する
・「イベント全体のテーマ」「講演・プレゼンのテーマ」「えんたくんミーティングで話し合うテーマ」を決める
・イベント全体のテーマに対する「自分との関係」「課題」「提案」などをえんたくんで話し合うテーマにすると誰でも参加しやすい
・参加者の属性を考慮しつつ、グループ人数を決める
・テーマの設定と時間配分を連動して考える

1-3 道具を用意する

えんたくんミーティングに必要な基本セットは「えんたくん」「えんたくんシート」「水性マーカー」の３つ。えんたくんは直径1メートルが基本だが、90センチ、80センチサイズや半分に折りたためて持ち運べる「折りたたみえんたくん」もある。参加者数からグループ数を割り出し、必要セット数を準備する（⬇**3-2参照**）。

えんたくんには同じ直径の「えんたくんシート」を重ねて使う。すべてのラウンドで書かれた内容を一度に並べたい場合などはラウンド数にグループ数をかけた分が必要だが、表裏を使用できるので、その半分でもよい。その必要枚数に予備を数枚用意しておく。通常のシートはクラフト紙で薄く色がついていて、筆記具は裏写りしない太字の水性マーカーが便利。発言者ごとに色分けできるよう、数色組み合わせてテーブルごとにセットしておく。基本は青・黒・緑・赤など濃い色を使う。黄色・オレンジ・ピンク・

最近は「折りたたみえんたくん90センチ」をよく使います。私は水性マーカーを参加者が気分で使い分けたほうがいいと思って、少し多めに各テーブルに8色セットを用意します。

太字で使いやすい水性マーカーといえば三菱鉛筆のプロッキーやゼブラの水性マッキーが有名。ほかに寺西化学のアクアテック、サクラクレパスのピグマックスもあります。

机がない状態でやるなら、クリップボードを用意しましょう。私は、A4の白紙4枚と配布資料を挟んで最初に渡しておくことが多いです。白紙は自己紹介や相互インタビューのときのメモ用紙と清書用紙、ワークの最後にやりたくなっ

水色などの文字は読みにくいが、薄い色をあえて入れると少し明るく華やいで見える効果もあり、うまく使い分けたい。

ファシリテーターは時間を伝えるベルや鐘、笛などを用意する。広い会場でマイクを使う場合は両手が使えるよう、ハンドマイクではなくピンマイクを選ぼう。ただし、性能が普通のマイクより劣ることもあるので、紐を使って首から通常のワイヤレスマイクをぶら下げるという裏技もある。もちろん、ミーティング進行のためにホワイトボードやプロジェクターを使うことも多い。

KP法（64ページ）やパワーポイントなどで、えんたくんミーティングの進め方を説明する資料をつくっておく（⬇**3-3参照**）。

たことを宣言するまとめ用紙にも使います。

僕は、ディアーコールやダックコールを使います。少しユーモラスなこの笛はその音を聞くだけで場が和みます。とくに大人数の場面ではこうした笛のほうが遠くまで響いて有効です。少人数の比較的静かな場ならばベルや鐘のほうが向いているかもしれません。

私は、恩師のジョアンナ・メイシー先生からプレゼントしてもらったチベタン・ベル（チベットの仏具）をずっと愛用しています。「チーン」と大きくて澄んだ音で響くので、話し声でにぎやかな場でもよく聞こえます。

ポイント

・えんたくん（グループ数分）、えんたくんシート（グループ数とラウンド数から必要枚数を計算する）、水性マーカー（グループごとに人数分の色をセット）を用意する

・マイク、ベル・鐘・笛など、ファシリテーターが使う道具も用意する

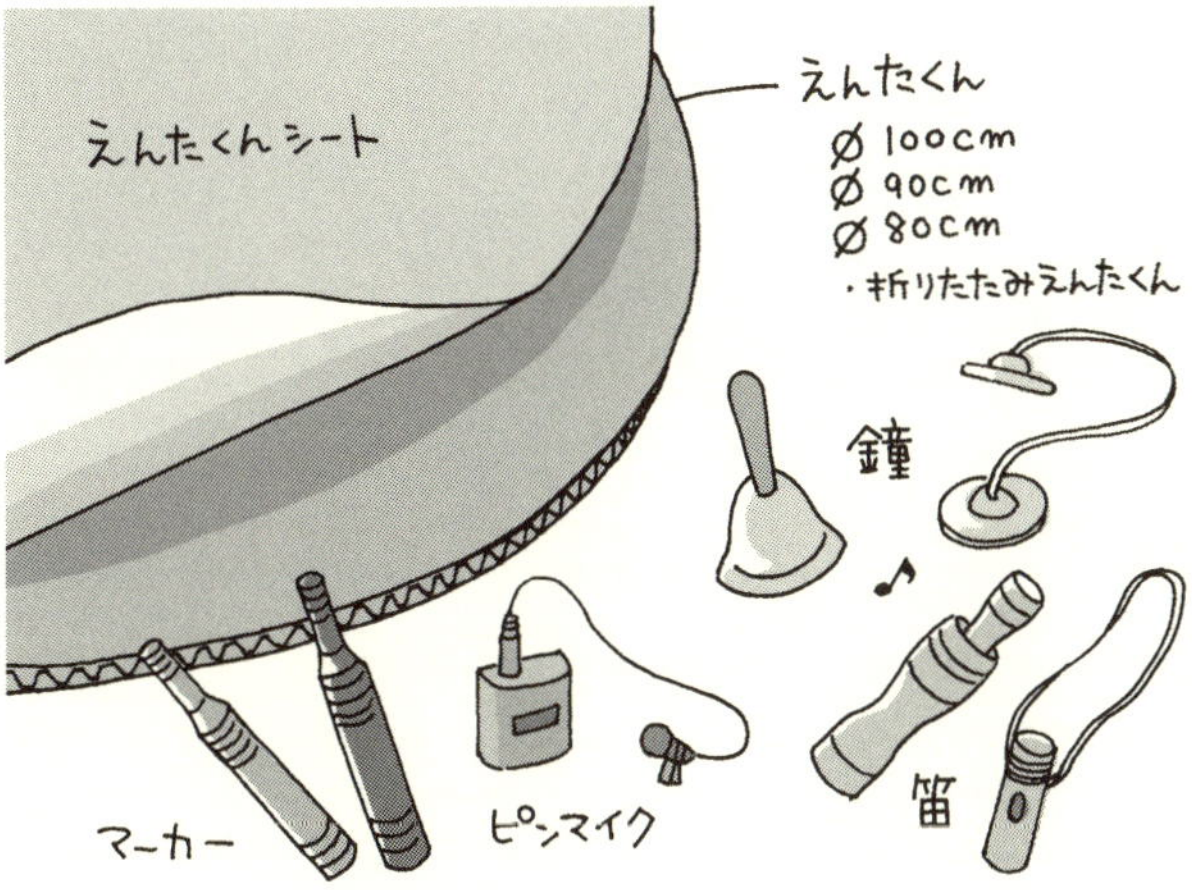

えんたくんミーティングで必要な道具類

1-4 会場を下見する

できるだけ事前に会場を下見する。フラットで、椅子と机を動かして取り払える場所がベスト。会場の広さを把握し、予定グループ数のえんたくんが配置できるか確認する。立派な肘付きの重たい椅子よりもシンプルな椅子のほうが移動しやすく、使いやすい。テーブルが備え付けで動かせない場合も、上にえんたくんを乗せればえんたくんミーティングが行えるので、席の配置や参加者の誘導方法を検討しておく。絨毯や畳、フローリングなどでは、床に座って使うこともできる。

ポイント
・下見では会場のサイズや、机が動かせるか、椅子の形状を確認しておく

椅子は、シンプルなほうが使いやすい

2 準備／当日会場ですること

2-1 会場をセッティングする

えんたくんミーティングに入る前には講演やプレゼンがあったり、えんたくんの使い方を説明したりするので、まずは通常のシアター型やスクール型に椅子を並べておく。初めから円座に椅子が並んでいる状態にすると参加者がびっくりしてしまうこともあるので、最初は見慣れた形にするのが無難。椅子は参加予定人数よりもあえて少なめに出し、ギリギリに駆け込む参加者の分は後ろに足す形にすると、自然に前から詰めて着席してもらえる。えんたくんミーティングへの会場レイアウト変更もスムーズにできるよう、何をどのように動かすのかをスタッフと確認しておく。広い会場の場合、えんたくんを各所の壁に立てかけておいてもよい。グループづくりがスムーズにできるよう、参加者の受付時にくじを引いてもらう方法もある（⬇3-2参照）。

参加者の2倍程度が入れる大きい空間で、初めは前半分に椅子や机を並べて通常の形で集い、後ろ半分は空の自由なスペースにして、大きな一重の輪になったり、えんたくんを入れて散って座ったりできるようにし、両方を行き来できるのが理想です。これが無理な場合、縦長の部屋より正方形や横長の部屋のほうがやりやすい。縦長の長方形でも短辺でなく長辺を正面にできれば、前と後ろで参加度の違いが出にくいですね。

ポイント

・まずは見慣れたシアター型やスクール型に椅子を並べる

・えんたくん利用時の会場レイアウト変更についてスタッフで確認しておく

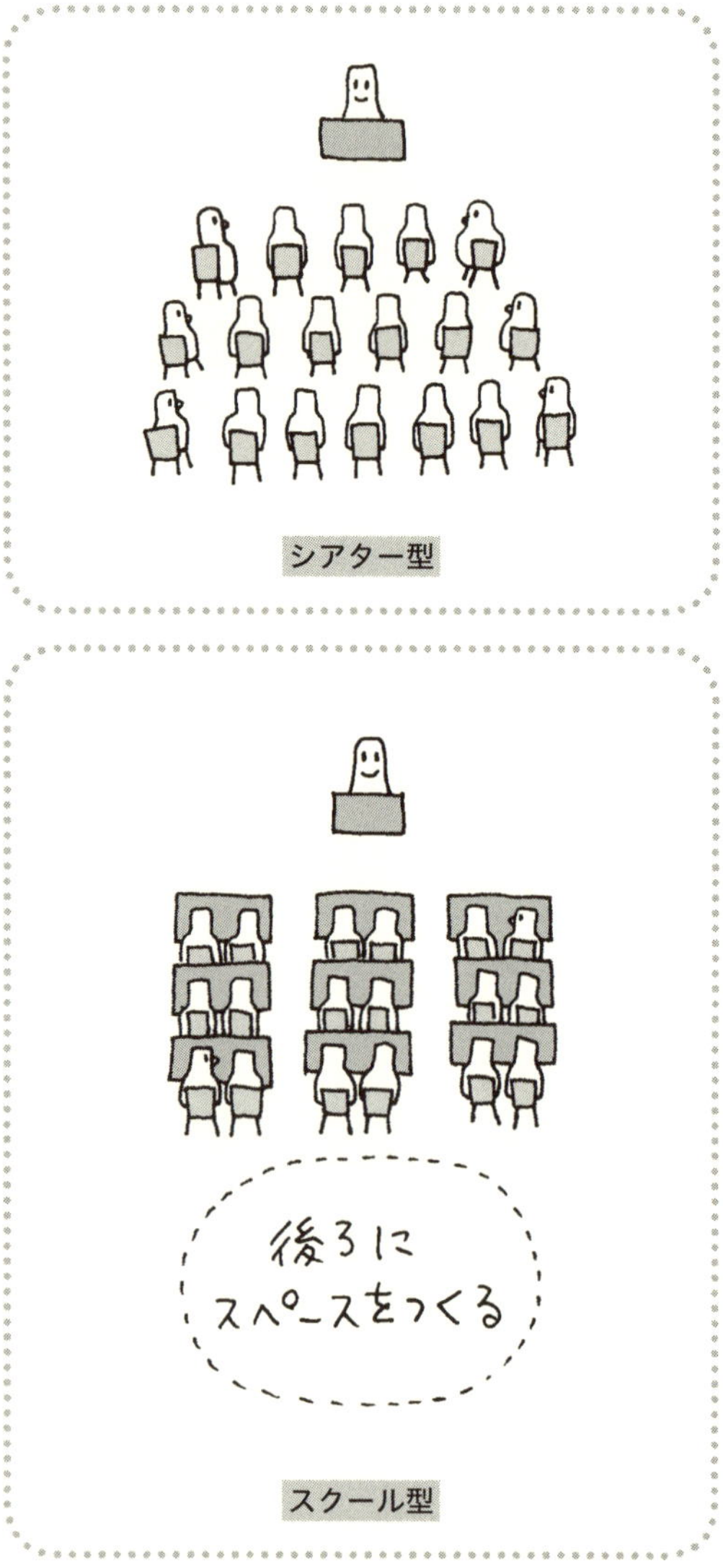

会場のセッティング

2-2 参加者の属性を最終確認する

可能であれば、最終版の参加者名簿などを見て、参加人数、参加者の属性（学生か社会人か、お互いがどれだけ知っているか、テーマへの習熟度はどのぐらいか、性別や年齢層など）を確認する。この名簿を参考に、事前に準備したテーマ、進行などを修正する必要がないか検討する。過去の例から、遅れてくる参加者や人数の変更が予想される場合は、グループ分けも調整して考えておく。

社会人対象の場合は、知らない人同士のグループづくりも自然にできるのですが、学生はモジモジして微妙に気まずい時間になってしまうことがあります。仲間がいるなかで選んだり選ばれたりという関係が嫌なようで、「くじ」でさっと席を決めてしまったほうが気が楽なようです。

ポイント

・参加者の属性を確認して、プログラムデザインを微調整する

3-1 えんたくんミーティングの前に

参加者の受付をして、イベントを開始。通常はえんたくんミーティングの前に、全体のテーマに関する講演やプレゼンなどを行うことが多い。参加者の交流そのものが目的の場合でも、まずは趣旨の説明などをして、対話の呼び水になるようにする。講演などでも、一気に1時間を超える話をすると、参加者の集中力が途切れたり、話を忘れてしまったりするので、20～30分ぐらいで区切って、まずはそこまでの話の感想をえんたくんを使って話し合ってもよい。体験を通して学ぶ場でも同様に、途中途中の「ふりかえり」にえんたくんを使うやり方がある。

話し合うことに構えてしまう人は多いので、導入が大事。ファシリテーター自身が全体の流れをイメージできていても他の人にはその流れが見えないから、えんたくんミーティ

オリエンのあと、20～30分ぐらいかけて、身体や呼吸を整える体操をしたり歌ったりすることもあります。外のそれぞれの忙しい日常から今ここに立ち止まり、この場でのテーマと相手に集中するための準備運動です。いつもの各自のパターンから抜け出すためにも、少し身体を感じ、リラックスして、気持ちや直感を大事にすることが必要です。また、そこに集う人々が安心して率直に話し合えるように、丁寧に「関係の質」を高めておくと、あとの展開がスムーズです。

適切な場をつくるために一緒に椅子や机を動かすという共同作業は、アイスブレイクとしても

ングに入る前に、目的や段取りを短い時間で伝える「オリエンテーション」を行うことで、参加者は安心する。オリエンテーションでの確認事項は、「オール（ＯＡＲＲ）」を参考にするとよい。

OUTCOME……何を実現するか。成果。その時間内で実現したいゴール。

AGENDA……どう進めるか。大まかなプログラムの流れ。スケジュール。

ROLE……全員の役割。たとえば「ワークショップでは皆が主役」など。その場にいるスタッフもその役割とともに全員紹介し、知らない人から見られているという状態をつくらない。

RULE……参加の心得、約束事。たとえば、「積極的に参加してみよう、人の話はよく聴こう、全身で楽しもう、でも無理はしない」など。

また、その手順の「見える化」も大事なこと。「えんたくんの使い方」「ミーティングの進め方」は口頭だけでなくパ

有効です。面倒な仕事と思われないよう、どういう意図でどういう場に転換したいのか、どういう段取りでやるのかを、簡潔にきちんと伝えます。そのうえで皆で一気にやるなら、あまり時間はかからないし、一部のスタッフが過度な負担を担う必要もありません。

対話が始まり部屋全体が白熱してくると、声が聞こえにくくなることもあるので、なるべく部屋の隅まで広く使って、グループの間隔は空けておきましょう。

「オール（ＯＡＲＲ）」はサンフランシスコのグローブコンサルタンツ・インターナショナルのディビッド・シベット氏に教えてもらいました。拙著『学び合う場のつくり方』（岩波書店）67ページを参照してください。

ワーポイントなどで説明したり、実際に過去に使われたたくさんの書き込みのある「えんたくん」の写真などを見せたりすれば、初めての人でもイメージしやすい。以後の流れもスライドやＫＰ法などにしておこう。
全体の説明をしたら、シアター型に並べていた椅子や机を（可能なら参加者と一緒に）動かし、えんたくんが使えるように並べ直す。

ポイント

・講演やプレゼンなどを行い、えんたくんで話し合う具体的なテーマを提供する
・オリエンテーションでえんたくんを使う目的や段取りを伝える
・えんたくんを使う手順も見てわかる形で説明
・参加者と一緒に机や椅子を移動して、えんたくんを使う空間を整える

えんたくんが使えるように会場をつくる

3-2 グループづくりをする

直径1メートルの「えんたくん」1個につき最大でも6人が妥当。直径1メートルで円周3・14メートルとして、6人だと各参加者が約50センチ幅のスペースを使うことになる。とくに初対面同士の場合、あまり密着しないこのぐらいの距離感があったほうがよいだろう。

知り合い同士で隣り合って座る場合が多いが、ほどよく散らばってほしければ「くじびき」を入れる。グループ番号を書いたくじを用意したり、生年月日やテーマに対しての経験値などの基準を指定して並んでもらい、端から順番に数字を言ってもらい（たとえば10グループなら1から10までを繰り返す）、同じ数字の人たちで集まるといった方法がある。このやり方だと、並ぶ順を確認するために周りの人と少し話すことになるので、緊張もほぐれやすい。

そのような偶然性やバランスを求めない場合は、先にテーブルマスターを決めて、声をかけ合って各テーブルマスター

大人が参加する一般的な場では、最初どうしても乗り切れないという参加者がいるものです。こうした「お客さん」の存在を考慮して話し合いを進めるためには、5～6人のグループサイズがよいでしょう。学校で4人グループが多いのは、すでに関係性ができているから有効なのだと思います。

私は、コタツや麻雀や列車のボックス席などの基本である4人組は、互いに向き合って話すのにベストな人数だと思っています。ペアで相互インタビューを行うことが多いので、偶数がやりやすい。東工大の授業では原則4人で80センチのえんたくんを使います。小さいので大人が初対面で使うには近すぎますが、毎週会ってなじんでいく学生には、この距離は有効です。

のところにほかの人が集まるというやり方もある。
えんたくんには、参加者の「疎外感」を解消するという目的や機能もあるので、グループづくりの段階から工夫したい。

ポイント

・1グループにつき4人から6人ぐらいが目安
・偶然で集まるグループにしたい場合は、くじなどを用意したり、意味のある順番で輪になってもらってグループ分けする

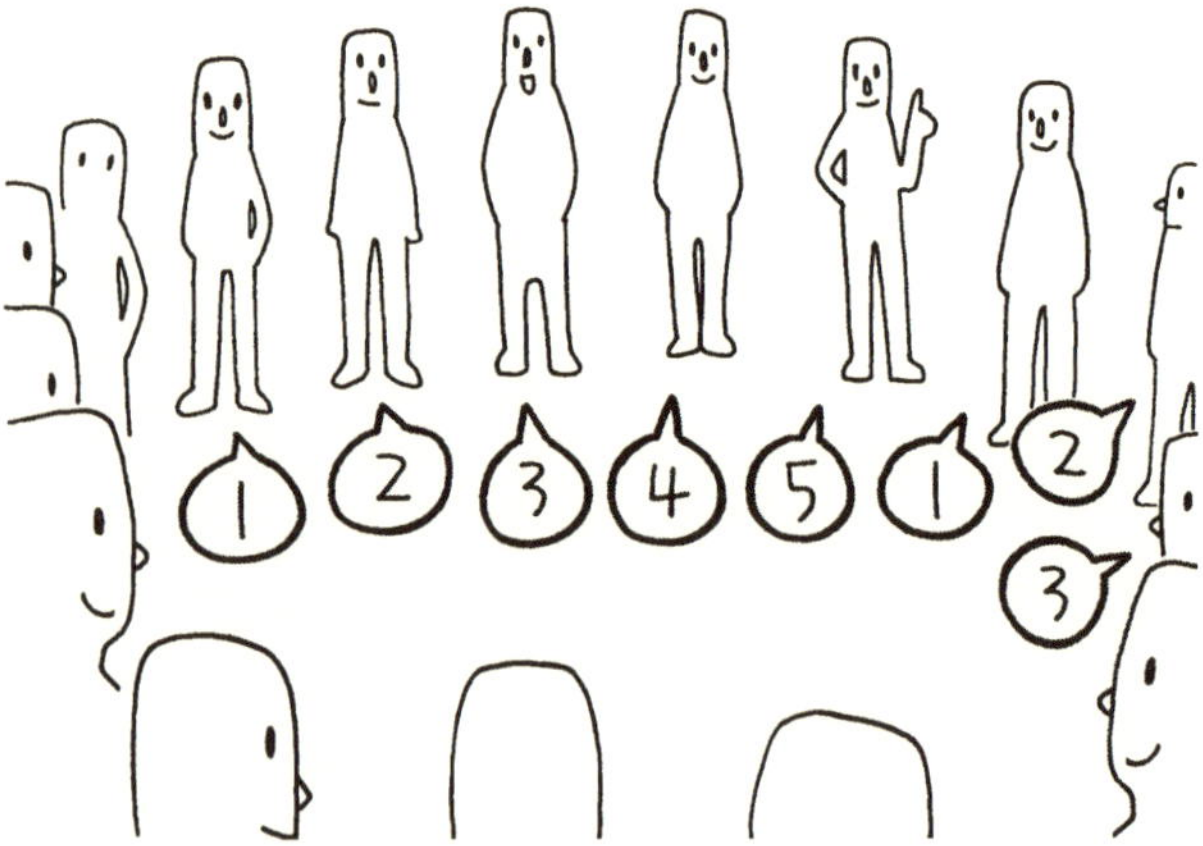

グループづくりにも工夫を

3-3 えんたくんを投入し、話し合うテーマ、えんたくんの使い方を説明

グループができたら、椅子や床に輪をつくってもらい、できたところからグループごとに「えんたくんセット」（⇩**1-3**参照）を渡す。全員の膝の上にえんたくんを乗せる。

「えんたくんミーティング３つの約束」として、「**よく聴こう・短く話そう・言葉を書き留めよう**」を伝え、えんたくんの中央に大きく書いてもらう。ここは演説の場でも雑談の場でもない、大切な問いについてお互いに話し合い聴き合おうということを、しっかり伝えておく。そして、せっかく出てきた良い言葉を「見える化」しながら話し合うこと、あとに残す記録や自分用のメモではなく、その場の話し合いを活性化するためのものだという基本を伝える。

話し合いのテーマを中央に書いておいてもらってもよい。

正面に背中を向けている人もいるので、見せるものがあるならふりかえってもらったり、聴くだけでわかるように説明したり、なるべくシンプルにします。

ファシリテーターがふたり以上いると、遅れてきた人の対応も容易です。途中からアイスブレイクなしに参加すると、話し合いがうまくいかないことが多いけれど、もうひとりいれば遅れてきた人が入るグループだけもう一度自己紹介してもらうなどの個別の対応ができるからです。

ポイント

・3つの約束「**よく聴こう・短く話そう・言葉を書き留めよう**」を伝え、えんたくんの中央に書いてもらう

よく聴こう　短く話そう　言葉を書き留めよう

数人で自由に話をしてもらうと、人の話を聴かない人や、やたら話が長い人がけっこう高い確率でいたりします。また「さっきの君のアレはイマイチだよね」「え～さっきのアレが最高のアイデアだと思ったのに……」というふたりの「アレ」が全然違ったりする場面にもよく遭遇します。こんな困った状況を避けるために考えたのが「3つの約束」です。シンプルな内容ですが、最初に「3つの約束」を書いておき、反する人が出てきたら約束の言葉をトントンと指差して注意するようにお願いしています。これが案外、効果的なんです。

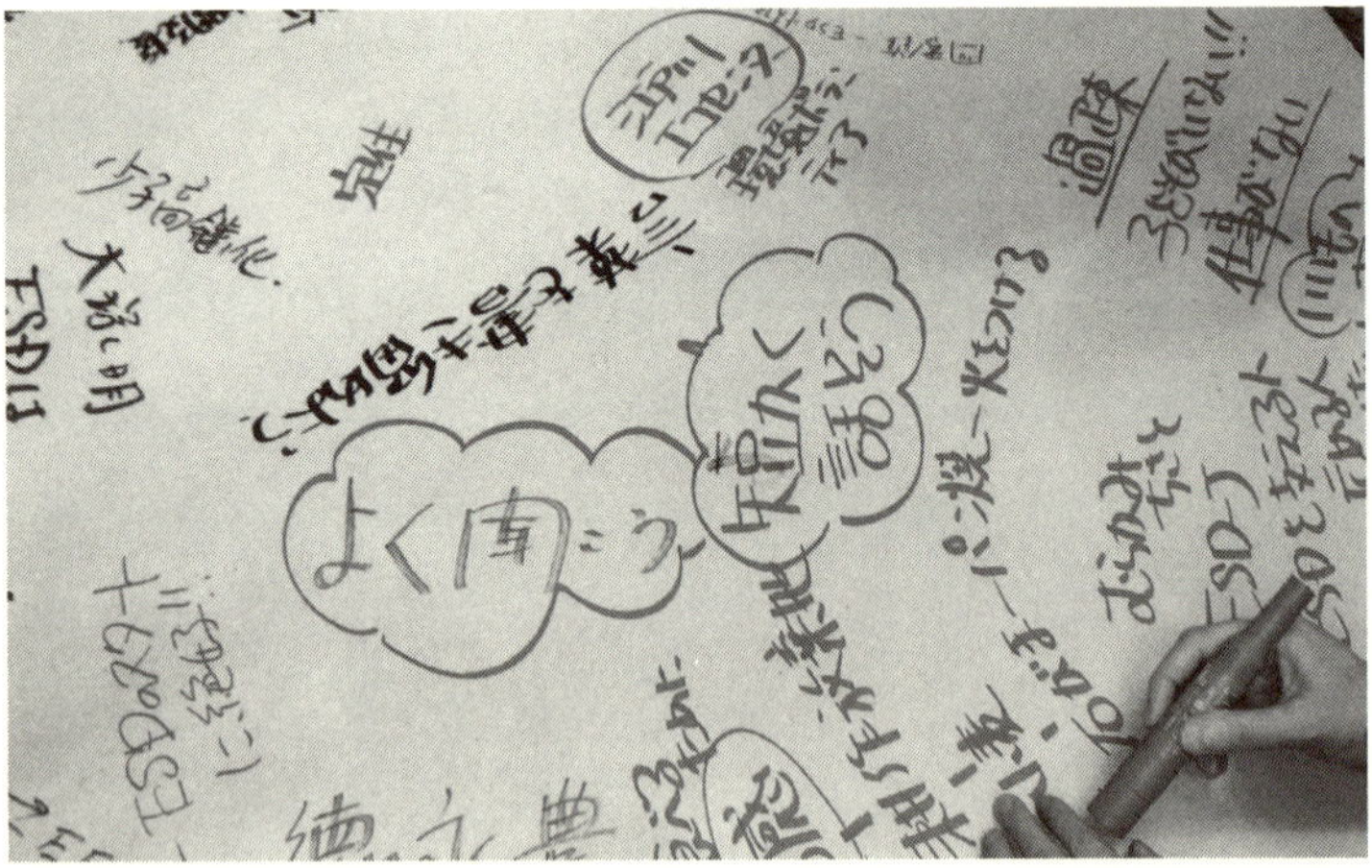

「3つの約束」を書いておく

4 チェックイン／1ラウンド目

4-1 チェックイン

話し合いの最初に、チェックインや相互インタビューなどを入れる。チェックインとは、イベントの前に「自分がどのような立場、目的、心境であるかを示す」こと。初対面同士の場合はアイスブレイクとしても使われ、名前、所属など簡単な自己紹介とともに行われる。

まずは何も書かずにひとり1分ぐらいで一周してもらい、目の前のメンバーに対して声を出すことに慣れる。声を出して緊張をほぐす役割もある。同時に、相手にちゃんと話を聴いてもらうことで、自分も聴く姿勢ができる。発言する順番は、ファシリテーターが「私に一番近いところに座っている人から時計回りで話してください」などと言って決めてしまう手もある。見知った仲でも、初めにチェックインをして、そのときのメンバーの意識や状況を共有してお

チェックインの時点で書く練習をすることもあります。「先程の話を聴いた感想などをひとこと、ふたこと書いてください」「今のご気分をひとことお書きください」「今日のミーティングへの期待や不安を書きましょう」など、まずは2～3分書く時間を取ってから、ひとり30秒～1分ずつ書いたことを話してもらってチェックインを始めます。

話が盛り上がっているときに言葉で言っても聞こえないので、時間の合図はベルや鐘など、声とは異質の音の「鳴り物」が役に立ちます。ワールドカフェでは、時間になるとファシリテーターが黙って手を上げ、それに気づいた人が手を

くことは大切。
　相互インタビューは、二人組になって予め用意した質問をお互いにしてもらい、メモを取ってまとめるもので、これもアイスブレイクになる。短い時間だが、ファシリテーターがきちんと時間を計って区切りを伝えよう。

上げて口を閉じ、手を上げる人が伝播していって、全体が静かになるというやり方をとっていますね。最初に、時間の合図についてのルールは徹底させましょう。

ポイント

・チェックインや相互インタビューで、自分の立場、目的、心境を表明しながら、言葉を発する練習をする

4-2 えんたくんシートに書き、順番に発表する

ほうっておくと言葉はどんどん霧散していってしまう。せっかく出てきた意見やアイデアは、その場で書き留めて「見える化」すると、より活かされる。といっても真っ白な紙にいきなり発言を書き取るのは難しいから、最初はファシリテーターが書く内容を指示して、参加者にイメージをもってもらおう。たとえば、まずはテーマについてのそれぞれの考えをえんたくん用紙上の目の前のスペースに書いてもらう。時間は1〜2分ぐらいと短く設定する。

次にえんたくんシート上に書いたそれぞれの考えを、順番に発表する。ひとりにつき1〜2分ぐらいで、最初だけファシリテーターが時間管理をする。とりあえず手元に書いておいたことを話せばいいので、何もないより発話しやすい。最初は自分が話すことに精一杯になってしまうことがあるので、「よく聴くこと」を忘れないように伝える。

あとに残す議事録でなく、その場の話し合いを活性化させるためですから、真ん中から大きく皆に見えるように、どんどんキーワードを書いていく。重なっても汚くてもいいので、遠慮せずに落書きのようにできるといいですね。慣れないことなので、最初はうまく書けないことも多いです。ファシリテーターが話すことや互いの自己紹介をメモする練習をしてから本番に入るのもよいかもしれません。

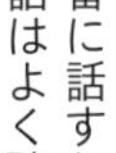

最初に順番に話すときには必ず「人の話はよく聴きましょうね〜」と最初に書いた3つのお約束のうちのひとつを強調します。「自分の番が来たら書いたことを話せばよいのですから、人の話はガンバッテ聴きましょう」と言います。えんたくんミーティングは「話す場」で

あると同時に「聴く場」でもあることを何度か強調します。

ポイント

・書き出すのに勇気がいるから、最初は「強制的」に書いてもらう
・時間を短く区切って話すことを意識してもらう
・合わせて、よく聴く練習もする

4-3 自由に話し合い、出てきた言葉をえんたくんシート上に書き留める

発表が一周したら、自由に話し合いを始める。発言のなかでキーワードになりそうな部分は、発言者以外の誰かが書き留める。「誰かが」というのが大事で、「固定した書記役をつくらない」という注意をしておこう。書こうとしてほかの人と重なったら譲ってもいいし、それぞれで書いておいてもいい。同じ話でも、意外に書き留める内容が異なったりするものだ。人の言葉同士を結びつけたり、誰かが話している間に浮かんだアイデアや次に発言したいことを、手元にメモしておいてもよい。

ホワイトボードを使った「見える化」の場合は、皆を代表して書き留めるため、ある程度の責任もあるし、技術が必要だ。しかし、えんたくんならもっと気楽に、誰でも自分のやり方で書き留めることができる。板書や記録ではなく「ライブレコーディング」であり、清書するものではないので、あまり緊張せずにどんどん書くことを促そう。

誰かに書くのを任せてしまわないで、皆がマーカーのキャップは抜いておいて、皆が参加するという意識を促したいものです。

対話が始まったら、基本的には参加者に任せておきましょう。腕組みして歩き回って監視するような態度はよろしくないでしょう。あまりにも脱線していたり、一方的な会話になっているようだったら、しゃがんで目線を同じ高さにしたうえで、しばらく耳を傾けてから声をかけています。

僕は、話が止まらない人を見かけたら、「えんたくん3つの約束」を指差してみたりします。皆が見ているなかに書いてあるのは有効ですよ。

ただし、皆で共有するメモになるので、マーカーでしっかりと大きな字で書こう。目の前に書く場所がなくなったら少し回したりしてシートを埋めていく。全体が埋まってしまったらシートを替えてもよいが、通常は1回のラウンドは1枚に収まるし、最大でもそのぐらいの長さに留めたほうがよい。同じテーマの場合は、文字が重なってでもすべてのラウンドを1枚に収めてしまうのもアリだ。

話し合い中、ファシリテーターはテーブルを回り様子をうかがう。話し合いの内容にはあまり介入しないほうがよいだろう。ラウンド終わりの合図は笛やベル、タイマーなどで行う。もちろん、ある話題を深めることが目的だったら、長めの1ラウンドだけで終わってもよい。

ピタっと時間どおりに終わる。それでいて急に切られた感じにしないのが大事ですね。個人的には、タイマーのようなものを鳴らすのは、強制的で好みではありません。「ちょうどよく終わったら時間だった」と思ってもらうのが理想です。

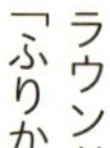

ラウンドの最後に、ごく短い「ふりかえり」をすることもあります。夢中になって話したものの、「えーと何話したっけ?」と忘れてしまうことも多いので。「これは大事」という言葉を黄色のマーカーでハイライトしておきます。次のラウンドでホスト役の人が説明しやすくなるし、そのテーブルに来た人にもわかりやすくなります。

ポイント

- 司会や書記などの役割を固定しない
- 3つの約束を忘れずに。ただしあまり話し合いには介入しない
- 書き留める言葉はグループで共有できるよう大きく、気楽に書く
- 話を切り上げやすいように終わり方を工夫する

話し合いながらどんどん書き込む

5　2ラウンド目以降

5-1 ホスト役を決める

複数ラウンドで行うワールドカフェ方式の場合、1ラウンド目が終わったら、ホスト役をひとり残し、ほかのメンバーは「旅人」になる。ラウンド中は役割を固定しないよう、ホスト役は2ラウンド目への移動前に各テーブルで決める。

2ラウンド目以降は、まずホスト役が前ラウンドの説明役になる。ホスト役はラウンドごとに変えるのが基本だが、話し合いの成果をある程度の形にしてまとめたい場合、ホスト役を固定させてそのテーブルでどのような話が展開したかを伝えられるようにしてもよいだろう。ホストを固定した場合には、「見学会」をできるだけ実施するとよいだろう（➡6-1参照）。

誰かが司会や書記など特別な役割を担うのではなく、みんなで場をつくるのが、ワールドカフェの精神でしょう。だから「ホスト役」といっても大げさに考えず、「残ってえんたくんを支えておく役」だと軽く紹介します。実際には、自己紹介の口火を切り、前のセッションのレビューをしたりしてもらうわけですが。同じ人が何度やってもいいですが、主《ぬし》のようになって過度に仕切ってしまうのは避けたいと感じます。

僕は多くの場合、ホストは3～4ラウンド通して担当してもらうようにしています。「えんたくんに書かれているすべてを把握している人」がいることを重視し、何度

かの席替えを経て議論が積み重なっていくイメージです。もちろん、参加者皆が何かの役割を果たす場合、多くの人と交流することが目的の場合、議論の積み重ねより新しいアイデアを生むことを目指す場合、各ラウンドを20分以上取り毎回テーマを変える場合には、ホスト役を変えていったほうがよいでしょう。

ポイント

・各テーブルにひとり、ホスト役を決める
・ホスト役は、グループの移動をスムーズにし、次のラウンドにつなげるためのもの。司会進行役ではない

5-2 席を移動し、ホスト役が前のラウンドを説明する

ホスト役以外のメンバーは「旅人」となって、なるべく同じ人と一緒にならないように、それぞれバラバラのテーブルに移動する。ホスト役は新しいメンバーを迎えることになる。移動する旅人は、マーカーを残していってもよいし、持ち歩いてもよいが、どちらにするのか最初にルールを伝えておく。次のラウンドもテーマが同じであれば、えんたくんシートを替えずに書き足してもいいが、裏返したり新しくしたりするほうがリフレッシュできる。

各テーブルのメンバーが決まったら、簡単な自己紹介のあと、ホスト役は前のラウンドで話されたことを2〜3分ぐらいで旅人に紹介する。内容はホスト役の主観でかまわないので、印象に残った部分を伝える。旅人がそれぞれ前のラウンドで話された話題について分かち合ってもよい。

書かれたキーワードをホスト役が指差しながら前のセッションの内容をレビューするためにも、話し合い中は大きく書きましょう。

旅人がそれぞれ自分の名前をシートに書き、足跡を残しておくこともあります。

ポイント

・前のラウンドと異なるメンバーと話し合いができるように、旅人はテーブルを移動する

・新しいグループができたら、まずホスト役が顔合わせの口火を切り、それから前のラウンドの印象に残った部分を説明する

ホストがひとりえんたくんを支えて、あとの参加者は移動する

5-3 自由に話し合い、えんたくん上に書き留める

たくさんの人と話すことを目的とする場合は、全ラウンドを同じテーマにして各ラウンドを10〜12分ぐらいと短めに、ラウンドごとにテーマを変える場合は15〜20分ぐらいと長めに設定する。

ラウンドごとに、**5-1**から**5-3**（またはホスト役を固定して**5-2**から**5-3**）の流れを繰り返す。最後のラウンドは最初のテーブルに戻ってくる形もある。その場合、ホストはこれまでのラウンドの話を、旅人は旅の土産話をシェアしてから、最後のラウンドを始める。

僕の場合は、たくさんの人と話すことを主眼とし、1ラウンドの時間を短くして全ラウンド同じテーマで行うことが多いです。

ポイント

・1ラウンド目と同じテーマの場合は短めに、違うテーマの場合は長めに時間を設定する

6 ハーベスト

6-1 えんたくん見学会

えんたくんは、基本的にその場で交流する、話し合うことが目的で、その体験の間に自分のなかで生まれたものを各々が持ち帰ればそれで十分、一つの結論に到るよりも、あくまで自分で感じ考えていくための「種まき」だという考え方がある。とくに話し合うことの目的が抽象的、あるいはハート指向であるときに当てはまることが多い。「拡散型」と呼んでもよいだろう。

「拡散型」の場合、全ラウンドが終わったら話し合いの結果をひとことずつ全体で共有して終了してもよいが、言葉が書き留められたえんたくんシートを見て回る「えんたくん見学会」を実施して、どのような話し合いがされたかを分かち合う方法もある。テーブル数が10以上ある場合には、見学会が有効だ。

ホスト役を固定する場合、ホストはそのえんたくんとともにミーティングの全ての時間を過ごし、旅人たちにそのえんたくんを囲んで話されたことを紹介していきます。他所に出かけていく旅人たちとは違って、えんたくんを守る仕事をしています。そのホスト役に「ご苦労様」の意味もあり、いつのころから「えんたくん見学会」という時間を設けるようになりました。

とくに、ホスト役を固定した場合、ホスト役の人はほかのテーブルの様子を知ることができない。そこで、他のえんたくんを見て回れるような時間をつくる。見学会はホスト役に対するねぎらいの時間でもある。背もたれのある椅子の場合、背中合わせにしてその上にえんたくんを乗せれば、ちょうど目線が近くなって読みやすい。

もちろん、旅人として移動した人も、いくつかのテーブルしか見ていないので、それ以外のテーブルでの話題を見て回りたいだろう。時間に余裕があれば、このときだけホスト役の代わりの説明係を立てたり、その説明役が途中で交代してもよい。

説明係を立てない場合、自由に書き取られたえんたくんから全体の文脈を読み取るのは案外難しい。見学会の直前に、話し合いのメインになるようなキーワードを明るい色のマーカーで囲んだり

イスの背に乗せて、えんたくん見学会

ハイライトで強調しておいてもらうと、意味を汲み取りやすくなる。
見学会のあとは、参加者に挙手してもらい、感想や成果をひとことで話してもらって終えることもある。

ポイント
・えんたくんを使う目的が話やアイデアを拡げる場合、出されたアイデアを簡単に共有して終わってもよい
・ほかのテーブルでどのような話がされたのかを見る「えんたくん見学会」を設けてもよい
・見学会では説明役を立てるか、主な話題を目立たせておく

6-2 発表・プレゼンテーション／その場の収穫（ハーベスト）

話し合うだけでなく、少しでも具体的な成果を参加者に持ち帰ってもらいたいという場合も多いだろう。話し合いの目的が具体的、あるいはビジネス指向である場合にとくに求められることで、成果を形にするまでが目的の「収束型」と言い換えることもできるだろう。

このような場合、見学会よりも時間を多めにとって、全体で共有する「ハーベスト」を行おう。まず、参加者は最初のテーブル（ホーム）に戻り、ファシリテーターの指示により、話し合いのテーマに沿ってまとめ、発表準備を行う。

グループ数が多いときは代表していくつかのグループが発表する場合と、全部のグループが発表する場合がある。目安として、たとえば6グループ以上でハーベストに使える時間が短い場合は、いくつかのチームが代表して口頭で発表する。5グループ以下で長めの時間がある場合は、全グ

ハーベストにどのくらいの意義をもたせ、時間を取るかによって、この時間の使い方はまったく違ってきます。まさに設計の重要なところです。皆で共有できる成果にたどり着き、いつも必ずそれをまとめないといけないということではありません。皆が声を出して、「こんな人がいるんだな」「私ってこんなことを思っていたんだな」と感じるというねらいに留める場合もあります。

積極的な人が多い場では、先に話したい人全員に前に出てきて順に話してもらいます。ハーベスト全体の時間を告げ、人数で割ったひとり当たりの時間の目安を示し、長々と話さないよう注意を喚起します。ただ、実際にはこの時間は取れずにふりかえりシートを用意して各自に書いてもらうことが多いです。

ループ2、３枚のKP法（64ページ）でまとめ、全員の前でホワイトボードに貼りながら発表するなどの方法がある。

また、各個人でそれぞれKP1枚にまとめて提出する方法もある。負担にならないよう、短くまとめてもらう。あとで参加者が見る時間があるなら、全部貼り出しておくとよいだろう。シンプルに、えんたくんをそのまま掲示しておくやり方もある。A４サイズの紙なら１８０センチ×90センチのホワイトボード1台で24枚、２台なら48枚を貼ることができる。

ワークシートを用意して、個別に問いに答えてもらい、ホームグループでシェアする。また、書いたものをお互いに見せながら歩き回り、気になる相手とは立ち止まって話す「ウォーキングプレゼンテーション」というやり方もあります。

ポイント

ハーベストの方法

- グループごとにKP２、３枚にまとめて報告（全グループ／一部のみ）
- 全参加者がKP１枚にまとめて報告
- えんたくんをそのまま掲示
- 挙手して前に出て話す

ハーベスト：グループごとにえんたくんシートを見せて発表する

ハーベスト：各グループ３～４枚のＫＰでまとめて発表する

6-3 成果の保存と活用／その後の収穫（ハーベスト）

えんたくんシートは大きいので、丸ごと保存するのはなかなか難しい。そもそも保存することを目的としていないので、思い切って一定期間で潔くリサイクルに出そう。そのほうが、参加者も気楽だろう。えんたくんミーティングの最後に自由に写真を撮れるようにしたり、えんたくんそのものを切り分けて、それぞれで持ち帰るやり方もあるだろう。

書いたものをどう活用するかは、私にとってもまだ課題です。写真を撮ったり、持ち帰りたい人には持ち帰ってもらったり。何かに役立つかなと用紙をとっておいても、結局山のように溜まって捨てざるをえなくなりがちです。別にまとめのシートを用意したり、アンケートの項目をよく吟味して書いてもらったものをまとめたりしたものを、記録として残しておきます。

ポイント

・基本的に、用紙そのものを保存することは重視しない
・デジタル情報（写真など）にしておけば、参加者間で簡単に共有できる

第4章

さまざまなえんたくんの活用法

――12の事例紹介

「えんたくん」は2013年11月に生まれてから、多くの場所で使われてきました。この章では、それぞれに特徴のある12の事例を紹介します。目的、場所、参加者数、グループサイズ、年齢など事例によってさまざまな違いがあり、「えんたくん」は多様な形で活用されています。

1 野外でゲリラ的なえんたくん
――「アースデイ東京」での事例

川嶋直

対象者／参加者　イベント会場にたまたま居合わせた人たち

ワークショップやセミナーではなく、オープンな場に偶然居合わせた人に、えんたくんに参加してもらうことはできるだろうか。十分な「仕掛け」と多少の強引さで、たくさんの人を巻き込もう。

1970年にアメリカで始まった「アースデイ」は、環境問題への関心をもってもらうための同時多発的なイベントだ。日本でも毎年各地でアースデイが開催され、東京では「地球のことを考えて行動する日」として、最初に開催された4月22日に近い週末に、代々木公園で開催されている。

2016年4月24日、代々木公園の野外音楽堂で初めての「野外えんたくん」が行われた。アースデイ東京の担当者が清里ミーティング（34ページ）にも参加していて、僕に声をかけてくれたのがきっかけだ。フェスのプログラムとしてえんたくんの参加者を集めるのは難しいだろうから、直前のステージプログラムが終わったあとに客席にえんたくんを持ったボランティアが突入して、ゲリラ的に始める方法を試みることにした。少しでも嫌だとか面倒だという人は簡単に離れることができてしまうので、成立させるにはかなりハードルが高い状況だ。だから想定したえんたくんの数と同じ人数のボランティアに集まってもらい、直前にミーティングをした。えんたくん未経験者は経験者とペアになってもらったうえで、参加人数はそのときまでわからないから、多かったらペアが2テーブルにわかれるようにし、逆に少なかったらペアが合体する。さらに全体を見渡せる遊軍も用意した。ちなみに、2年目はプログラムの都合上、参加者が少ないことが予想されたから、ペアでテーブルにつくようにした。そういう予測をして設計するのはなかなか楽しい。

屋外の場合、難しいのは天候だ。当日の雨はもうどうしようもないが、前日の雨も気にしないといけない。2016年のアースデイは前日に雨が降り、会場の椅子は木製だから濡れたらアウトだと心配したが、ありがたいことにステージ監督の人が前日に椅子を舞台下に片付けておいてくれていた。

当日は、最初に僕がステージに出ていって、直前の出演者、佐藤タイジさんに紹介してもらい、少しトークをした。佐藤さんは太陽光の電力だけを使ったフェス「中津川 THE SOLAR BUDOKAN」を主催しているミュージシャンだ。それから、鹿児島で自給自足生活をするヒッピーのテンダーさん、冒険家の高野孝子さん、アースデイ東京事務局の南兵衛さんが登壇し、それぞれのメッセージを会場の皆さんに伝えた。

「これは皆で話し合わないといけない」という流れを作ったところで、すかさず「えんたくん突入～」と号令をかけると、ボランティアがえんたくんと数本のマーカーを持って突撃して、お客さんを巻き込んでいった。前後2本の長椅子にまたがるようにえんたくんをセットし、「3つの約束」（86ページ）はあらかじめえんたくんシートに貼っておいた。参加者は話す心づもりで来ていないから、話をさせるためには積極的な働きかけが必要だ。ボランティアが促しながら、マーカーを片手に少しずつ皆が語り始めた。立ち見の人たちは「スタンディングえんたくん」にもトライした。えんたくんに紐を通して席がない場所でも首から提げて使えるようにしておいたのだが、結果的に紐は不要だった。えんたくんが軽いから立ったまま片手で支えるだけで十分だった。トークの10分も含めて全部で30分ほど、ホスト役としてボランティアがテーブルに残り、2ラウンド実施した。

予告をしない突発的なイベントでは、参加者を長時間その場に留めることは難しいだろう。逆に、もし十分な時間がとれるなら、各テーブルにボランティアを配置しなくても成立するかもしれない。このときはとにかく「話し合う」体験をしてもらうことが目的だったので、特段ハーベストなどはせずに話し合いが終わったらボランティアはえんたくんとともに退場し、次のステージプログラムに移った。それでも、何の関係もない人たちが突然話し合いをするという不思議な体験から、参加者も何か得るものがあったのではないだろうか。いつの日か、こういう場で「千人えんたくん」をやりたいと思っている。また、この挑戦は同年秋に「中津川 THE

SOLAR BUDOKAN 2016」で行われた「音楽×民主主義」をテーマにしたえんたくんワークショップにつながった。ファシリテーターはテンダーさんとＪＥＦの鴨川光さんが務めた。

アースデイ東京2016（代々木公園）でのえんたくん

地べたでも使える

「中津川 THE SOLAR BUDOKAN」でのえんたくんワークショップ

2 大教室の授業で使うえんたくん
――同志社大学政策学部での事例

中野民夫

対象者／参加者　大学生

目的をもって参加する社会人と違い、大学生の参加意欲はまちまちだ。とくに大教室での授業は教員からの一方的な話になりがちで、だからこそえんたくんを使った学生同士の「学び合い」が威力を発揮する。多様な意見を聴くことで、視野も広がっていくだろう。

２０１２年、私は同志社大学政策学部の専任教員となった。大教室の授業だと、どうしてもスマホを触っていたり居眠りの問題が生じる。人に迷惑かからないからいいでしょ、と思うかもしれないが、「学び合う」対話の場では参加していない人は周りにも大いに迷惑。教員としては、もともと「やる気のない学生」がいるのではなく「やる気のないとき」があるだけだ、と考えて、さまざまな工夫でやる気を育むことに挑戦した。

翌年11月に清里でえんたくんに出会って、これは「すごい！」と直観した(50ページ)。ちょうど、ワールドカフェ形式の対話をやってみようと思っていたところだったので、すぐに翌週の「政策トピックス」という授業で使うことにした。備え付けの机でも、その上にえんたくんを置いて前後の4人で囲むだけで、向き合う感じがグッと出る。1ラウンド目は「今、この仲間で一番問い合いたいこと」をそれぞれ書いて発表し、一斉に指を差してグループごとのテーマを自分たちで決めてもらった。2ラウンド目は「ここまでの授業で印象的だったこと」、3ラウンド目は「(この授業を通して)これからやりたくなったこと」を話し合った。この授業のサブタイトルは「至福の追求と社会変革」というもので、それぞれが自分を活かして深い喜びを感じることを追求すると、自分だけでなく周囲にも影響を与えるという可能性を触発したかった。

手応えを感じたので、選択必修の「NPO・NGO論」という授業でも、年間の最後にえんたくんを使った。今度は200人を超える大教室である。

授業で学生に「知らない人とグループを作ってください」と言っても、なかなか動けないことが多い。それよりも、教室の入り口でくじを引いてもらって席を指定し、グループも決めてしまえばスムーズに授業に入れる。友人同士も別々のグループになるから、適度な緊張感が生まれる。最初は想定人数の8割までの席のくじを出しておき、それ以上は来てから席札を追加していくと、グループに空席ができずに済む。まずはグループ内でひとりずつ、名前、所属学科と学年、サークルとゼミ、好きなこと、最近関心があることなど、具体的にお題を定めて自己紹介をしてもらう。2回目以降のグループなら、近況(今週の出来事)、先週の授業の感想などから始める。感じたことを率直に話しやすい雰囲気をつくるため、「今の気分(身体や心の調子)」ぐらいでもよい。前回の宿題のシェアをすることもある。

初回の授業のオリエンテーションでは、授業のねらいや参加型授業の意義を説明する。2回目以降は、授業の冒頭でゲストスピーカーとして、NPO・NGOを設立した社会人や、NPO活動に参加した学生に自分の取り組みや体験を話してもらった。とくに同じ学生の話は、共感や親近感をもって聴いてもらえた。講師の話は長くても20分で区切り「ここまで聴いて印象に残ったこと」「もっと聴きたいこと」などのお題で、グループで話し合ってもらう。

小グループでは盛り上がっても、最後に全体の大きな場で発言するのはなかなか難しい。それでも私はなるべく当てずに挙手を待った。通年授業であることを活かして、数カ月かけて、じわじわ学生の意識が変わるのを待った。授業の最後の5分ぐらいで、罫線入りのごく小さな「フィードバックシート」に、その日の授業の感想、気づいたことや意見、提案などを、記入してもらう。率直に書いてもらうため、成績には反映させないと伝え、鋭い意見などは次の授業の冒頭で発表する。学生からの提案を授業デザインに採用することがあれば、ますますきちんと書いてくれるようになるという好循環が生まれた。

このようにして対話に慣れていったうえで、最後の数回は「私のNPO」という最終レポートに向けて、グループでの発表時にえんたくんを使った。ゲストには京都府でのNPOの設立担当部署の責任者に来ていただき、申請の方法や定款の作り方などを教えていただいた。そして自分が社会の中で何を気にしているか、自分はその課題にどう取り組むかを話題に、かなり深い話し合いをする。これを席替えして2ラウンド行い、全体で数人から気づきや発見を発表してもらい、最後にレポートを提出してもらった。

大教室でえんたくんを使うためには、端に机を寄せてなるべく広い会場を作るなど、段取りが大切だ。私はかつて広告会社にいてイベントにも関わってきたからそういう段取りはあまり苦ではないが、学究派の先生方には、とくにサポートが必要な部分だと思う。

大教室でもえんたくんを使えばがらっと変わる

大教室で机を移動してえんたくん

学生同士、率直な話し合いに

3 医療に関わる人のえんたくん

――茨城県立医療大学IPE授業での事例（学生）
――ホスピスケア研究会の研修での事例（緩和ケアに関わる医療職）

浦山絵里

対象者／参加者　医療専門分野の大学生、看護師、医療従事者

「チーム医療」が求められ、多様なスタッフの連携が大事な医療・看護の分野では、お互いの関係の質を高めたいというニーズがある。また、同じ職業の人が全国から集まる研修では、えんたくんを囲むことで、共通する悩みや解決策を共有することができる。

茨城県立医療大学で

チーム医療や包括支援という言葉が一般的にも聞かれるようになり、専門職間の連携が、暮らしに大きく影響するようになってきている。

専門職育成の特徴は、それぞれが自分の領域をしっかりともち、臨床に活かす知識と実践や研究の技法を学ぶこと、もちろん国家試験に合格させることも大きな意味をもつ。加えて最近

では多くの大学で基礎教育の時代から越境型でチーム医療を学ぶ機会をつくっている。これはIPE（専門職連携教育：Inter-professional Education）といわれている。

私は茨城県立医療大学のチームワーク入門実習の第1回演習（合宿）で2014年からえんたくんを使ったワールドカフェ形式の対話を実施している。

この演習は、入学後の5月に、全学科の学生が初めてつくば市のホテルに集まり、これからチーム医療病院実習に行く学科越境型の仲間と顔を合わせる。オリエンテーション、えんたくんを使ったワールドカフェ、2年生による各学科の歓迎会、1泊して翌日は実習グループで筑波山登山というプログラムになっている。

最近は、自己紹介で自分が「コミュ障」であるという新入生も多い。実際、なかにはシャイでなかなか話せなかったり、学科によって男女比が異なることも多いためか、同性ばかりで集まってしまうという場面も多く見られる。入学から約1カ月でようやくなじんだ学科の壁を崩すのはかなり難しいので、最初はA4用紙を4つに折り、4項目の自己紹介を書き込み、たくさんの人と自己紹介しあう出会い系ゲーム（自己紹介ゲーム）を実施する。

その後、チーム医療実習のグループのメンバーを探して近くに集まる。教員も含めて200人以上の人が動き、進行が難しいので、2年目からは前年に参加した2年生を各学部から数名、先輩チーム（ピア）として加わってもらった。

実習グループは10～11人で構成されている関係上、グループを2つに分けてえんたくんは5

〜6人程度で囲むのだが、あらためての自己紹介では、顔がよく見える小さな円になるためか笑顔も見られる。コミュ障などと言っていた学生が少人数でえんたくんを囲んで座ると自分の体験を語りだしたり、シャイでなかなか異性の前で話せなかった学生が、水性マーカーを使って出てくる意見を拾って書き出す。メンバーの様子も見え、言葉数がふえていく様子が見られる。

「チームという言葉のもつイメージ」「これまでのチームの体験」「力を促進させたこと、低下させたこと」「チーム力を高める秘訣を3つ考える」の問いをテーマにし、グループを2つに分けてからワールドカフェ方式でえんたくんミーティングを実施した。最後はもとの実習グループで、2枚のえんたくんをつなげる「8の字えんたくん」で、自分たちがチーム実習で大切にしていくことを決めていく。この流れだと、人数が増えても多くの言葉が飛び交い、発表のころには全員参加で工夫と笑顔あふれる発表会になった。その3時間後には、次の日の登山について話し合うチームが生まれる。えんたくんを使った対話の場は、その後の実習にも引き継がれるスタートラインになっている。この場には担当教員も入っているが、専門領域で固まりがちな教員も学生と身近な話題で語り合い、最後には教員チームもこの実習で大切にすることをまとめ、学生と一緒に発表する。これらのプログラムを通して演習に関わる全員の気持ちが一致すると感じている。

えんたくんのスタートは自己紹介から

えんたくんに書き込まれた内容を共有する

8の字えんたくん

ホスピスケア研究会で

現在、さまざまな看護師の研修でえんたくんが活用され、画期的な効果を発揮しているが、ここでは終末期医療に関わる看護師・医師・臨床心理士など多様な参加者が学び合う「ホスピスケア研究会」の様子を紹介する。

ふだんから真面目で勉強熱心な医療者たちは、たくさんの研修に参加しているが、通常は先生のお話を伺うだけの講演形式が多い。あるとき、終末期医療に関わる看護師・医師・臨床心理士など多様な参加者が学び合うホスピスケア研究会に招かれ、中野民夫さんとえんたくんをフルに使ったワークショップを行った。この研究会では、それまで150回の研修が行われていたが、このようなワークショップ型は初めてで、とても新鮮だったようだ。

患者さんのケアに熱心な医療者が、自分自身も大切にケアできるようにと、「ファシリテーションとマインドフルネス*」がテーマ。対話に入る前に、中野さんのインストラクションで少しゆっくり身体を動かし、自分の呼吸に意識を向けたり、自分の心のなかのおしゃべりに気づいたり、今ここのありのままの自分に気づき認めるマインドフルネス・トレーニングを行った。

昼食は、お弁当を取ってもらい、一口ずつ味わってゆっくり食べる「食べる瞑想」を行った。20分間は、食べることに集中するために沈黙し、よく噛んで味わう。いつも急いで食べていることが多い人たちなので、素材の味や、食材がどこから来ているかなど、食に関する気づきも多かった。また食事指導に対する発見を得られた方もいらしたようだ。

＊今ここのありのままに気づくこと

えんたくんでの対話のテーマも、「現場で、自分の仲間の身体や気持ちを大切にできていますか？」「自他の身体と心を大切にし、お互いの力を活かし合うには？」などを話し合った。参加者はふだんから気を張って頑張っていて、あまり周囲に愚痴をこぼさない人が多い。しかし、身近な同僚には話しにくいことでも、普段は会わない各地の同じ仕事の仲間たちとは、共通する悩みや課題について存分に語り合い、対話を通してホッとしたり励まされたりしていた。

終了後、置き場に困ったえんたくんは、参加者の病院ネットワークを使って、ある病院に旅立っていった。

多職種連携や患者や家族を含む対話など、緊張感の高い医療・看護現場であたたかな対話を育むえんたくんが役立つ場面は多いのではないかと思う。

（ひとづくり工房esuco代表・ナースファシリテーター・茨城県立医療大学客員教授）

ホスピスケア研究会でのえんたくん

4 異文化交流・国際理解のためのえんたくん

――「東アジア地球市民村」での事例

中野民夫

対象者／参加者　さまざまな国や地域の人たち

えんたくんは、イラストや図解などを書き込むことで、異なる言語を話す人たちのコミュニケーションを助けることができる。とくに、東アジアの人たちの交流には、「漢字」という共通の表意文字がお互いの理解を促進する。

「日中市民社会ネットワーク（CSネット）」という、中国出身の女性たちが始めたNPOがある。国同士の関係がややこしい時代でも、市民と市民ならつながれると、日中の市民交流を行っている。初めは日本の自然学校への視察をコーディネートしたり、日本から中国に人材を派遣して教育したりしていたが、あっという間に中国側の市民社会も発展し、逆に日本側が教えられることも増えてきたという。環境には国境がない。だから、日本、中国、韓国、台湾の市民が一緒に環境問題や農業、食の安全などについて考えようということで始まったイベントが、「東アジア地球市民村」だ。

2014年、CSネット事務局長の朱恵雯《シュケイブン》（通称ファンシー）さんから声をかけられ、この初めての東アジア地球市民村の冒頭でえんたくんを使うことになった。えんたくんは現地でも作れるというので、日本から持っていかず、開催地となった上海のダンボール工場に注文することにした。ただし、上に乗せる用紙を円形に加工するには費用がかかるというので、普通の模造紙を重ねることにした。進行はワールドカフェ方式で、このときは通訳も入れて1つのテーブルに5〜6人。人数が多くなったときは2枚のえんたくんをずらして重ね、広めのテーブルにして使った。話し合いのテーマは、「東アジアに共通する環境問題とは何か」とか「私たちにできることは何か」といったもの（57ページ）。

2日目には「オープンスペーステクノロジー（ＯＳＴ）」と呼ばれる参加者の自主的な提案で分科会を形成するワークショップも行った。私はこれを「この指とまれ！　分科会」と呼んでいるが、何か話したいことがある人が、そのテーマを紙に書いて発表して壁に貼り、ほかの人たちは参加したいところにサインアップしてわかれていく手法で、より話を深めるのに向いている。このときの話し合いでも、いくつかのグループがえんたくんを使った。

東アジア地球市民村は、上海で3回実施したあと、２０１７年は神奈川県相模原市の藤野にある旧シュタイナー学校の講堂などで開催した。冒頭、日中韓台の人たちが混ざるように小グループをつくって、まずはえんたくんで顔合わせ。グループ数は通訳の人数に限定されるが、絵や図を使って説明したり、どこも漢字文化圏なので漢字を書いたりすると、えんたくんが国境を超えた対話の補助になることがわかる。お国柄というか、中国人はやっぱり日本人より勢いよくたくさん話すし、日本人は、まず周りを見て自分からは飛び出さないことが多い。そういった文化の違いを感じたりもするが、それも学びのひとつだ。

東アジア地球市民村のえんたくん

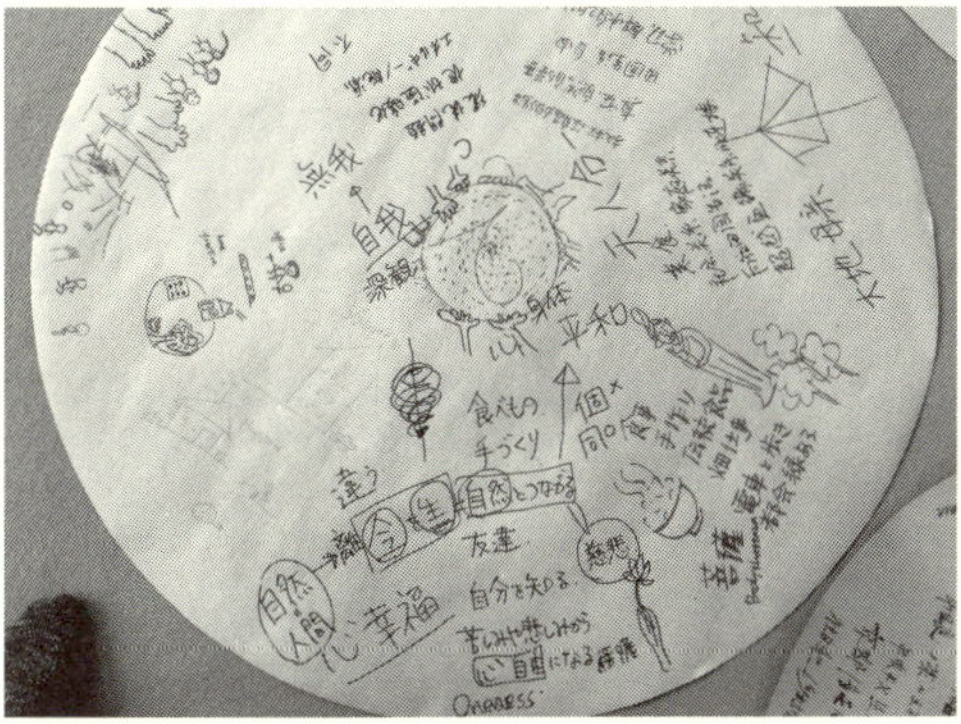

色々な言語やイラストが描かれたえんたくん

5 アートの世界でえんたくん
――川崎市岡本太郎美術館での事例

井上尚子

対象者／参加者 アートに興味のある子どもから大人まで

えんたくんは絵や図を描いてもコミュニケーションができるし、シートに何かを印刷して課題を設定する使い方もできる。教育普及活動がますます重視される美術館でも、えんたくんを使ったワークショップが増えていくかもしれない。

私は「においと記憶」をテーマに、目に見えないにおいの感覚をコミュニケーション・ツールとして、個々の記憶や個性を引き出すプログラムをつくっている。川崎市岡本太郎美術館での企画展示「岡本太郎と遊ぶ」展（２０１７年）では、太郎の文字とコラボレーションしてほしいという依頼があった。太郎がつくった80個の「遊ぶ字」から「夢」「母」「挑」「楽」「櫻」の5文字を学芸員と一緒に選び、それにかけ合わせる「におい」を用意して、「においと記憶を呼び覚ます」というテーマを設定した。

太郎が想像したにおいはどんなものか、参加者が会話を生み出しやすいにおいは何かを考えて、20種類のにおい素材を用意し、番号をふった箱の中にそれぞれを仕込んだ。抽斗《ひきだし》をあけると中には何もないが、あけたときにふっと起こる風でにおいが飛び込んでくる。そのにおいを嗅いで自分がどう感じたかを覚えておく。ちなみに、「靴下」のにおいを用意したら、不思議と大人気だった。夢や思い出に関わる、人間らしさを感じるにおいとして入れたものだ。

私の「においで遊ぶ」の展示ブースには、その20個の箱と壁と空間に「遊ぶ字」を白い紙の中央に印刷したえんたくんをセッティングして、美しい空間構成に仕上げた。それぞれの「遊ぶ字」と自分が選んだにおいをかけ合わせて、そのイメージをえんたくんに書いていく。３種類かけ合わせたり、割り算にしたりする人もいた。ひとりで書いてもよいし、会場にいる人と話し合ってもよい。１週間ぐらいでいっぱいになるので、様子を見て紙を替えていく。

会期中には、１日だけワークショップを開催した。ワークショップの募集告知で「４歳以上（10歳までは保護者同伴）対象」としたところ、４歳から67歳までの23名が集まった。ふだんの展示ではマーカーの色が映える白い紙を使っていたが、ワークショップは何度も紙を替えるので、安価なクラフト紙にした。ファシリテーターとして、各テーブルに私の教え子である女子美術大学の学生や卒業生に入ってもらった。彼女たちが入ったことで、幅広い人たちが集まっていてもうまく回していける場になった。ちなみに、女子美術大学の授業でも、ワールドカフェ方式で交代しながら、えんたくんにテーマに応じて文字（具体）から絵（抽象）で表現するプログラムを行ったことがある。

ワークショップでは、ふだんの展示と同じように、まずにおいを嗅いだときの気持ちと、選んだ文字とをかけ合わせて個人の記憶に関する話を書き、えんたくんを使って各グループでそれをシェアした。1ラウンド目を終えると、各テーブルでひとりを残して（学生がホスト役で残る）、ほかの人は移動する。2ラウンド目は、初めに先のグループで何が話されたかをシェアし、別のにおいを選んで1ラウンド目と同じように行う。3ラウンド目はグループワークとして、文字とにおいをグループごとに決めて、同じにおいと文字でもそれぞれが想像するものが違うということを話し合う。

たとえば「夢」に関する会話のなかで、いわゆる寝て見る夢について話す人もいれば、野望としての夢について語る人もいれば、挫折したかつての夢について語る人もいた。幅広い年齢層が参加したので、そのような違いを知ることができたのも貴重な体験だったと思う。

（美術作家・愛知県立芸術大学非常勤講師）

「においで遊ぶ」の展示ブース

「においで遊ぶ」
ワークショップ

女子美術大学アートプロデュース表現領域でのえんたくん

6

世代を超えるえんたくん
——東京工業大学「蔵前立志セミナー」の事例

中野民夫

対象者／参加者　学生と社会人、幅広い世代の人たち

えんたくんのメリットは、世代や立場といったふだんの上下関係を、話し合うテーマに向けた「対等」な関係にリセットできること。交流の機会があっても、なかなかうまく混ざらないとき、えんたくんを使ってみよう。

2017年7月、東京工業大学の同窓会組織である「蔵前工業会」主催の現役学生と卒業生を対象にした「蔵前立志セミナー」で、1時間程度の講演のあとに、小グループでの対話の時間が設けられた。それまでのセミナーではセミナー後の懇親会でも学生と社会人の交流が少なく、それぞれのグループをつくってしまうという話を聞いていたので、うまく混ざり合える方法を考えた。

セミナーに向けて、127名の申込者を、20歳未満の学生（懇親会でアルコールを出さないため）、20歳以上の学生、教員と卒業生を含む社会人に分類し、それぞれ赤、緑、青と色分けした名札を用意した。講演後に混成の4人組で対話ができるよう、椅子の配置などに工夫をした。

奇数列では、3つ並べる椅子の真ん中をあえて空席にしておく。講演後、椅子の両側からこの空間のほうへ身体を向け、後ろの偶数列のふたりとの間にえんたくんセットを置き、4人組をつくる趣向だ。

話し合いに使ったのは80センチのえんたくんで、これはかなりお互いの距離が近い。卒業生で大企業の社長も勤められた木岡護氏の「予期せぬ実験結果から生まれた大発明」という講演があり、「話を聴いて印象的だったこと」が話し合いのテーマ。自己紹介を一巡してから、印象に残ったことを話し合った。時間は20分ほどだったが、その後の全体での質疑応答も活発で、かなり和気あいあいとした場になった。えんたくんでの対話を入れると講演の時間は短くなるが、講師もえんたくんの輪に加わって現役学生の生の声を聴き、全員が話せる実に生き生きとしたセミナーになる。

これはかつて私が広告代理店勤務時代に、企業・行政・NPOという、違った立場の人たちが交流する場を工夫した経験が元になっている。「わざわざえんたくんを使わなくてもいいのでは」という声もあるかもしれないが、何の準備もなく隣の人といきなり話せと言われても戸惑うし、よい話がそう簡単にできるわけではなく、おざなりな会話、おざなりな交流になりかねない。だから、自然と膝を突き合わせるような場を丁寧につくり、まず自己紹介してお互いを少し知ってから、大事なテーマについて話すという段取りが必要だ。そもそも、社会人と学生だと、どうしても対等な話し合いをしにくい。とくにこのような会に参加する卒業生は、実績もあって話をしたい年代の上の人が多いから、一方的な話になりやすい。だから、最初の自己紹介の時点で時間はきっちり区切り、しっかりと合図して「はい、次の人」と促したほうがいい。違う立場の人と話すことの楽しさをここで知ってもらえれば、その後の懇親会も自然と世代を超えて、本当の交流会になる。学生にも卒業生にも喜んでもらうことができた。

蔵前工業会の地方支部で、70代、80代といった高齢の卒業生対象のセミナーでも、えんたくんを使ったことがある。「東工大の思い出」などをテーマにすると、すごく盛り上がる。セミナーというと先生の話を聴くことが多いが、実は皆その場にやってきて話したいことがあるのだ。お達者な高齢者は、話すことに一所懸命で、果たしてほかの人の話を聴いているのか……という疑問もあるけれど、語らいの場を欲している高齢者にとっても、えんたくんはお互いに元気を出すための格好の道具だ。活気ある高齢化社会に向けて、さまざまな活用が可能だと実感した。

卒業生と学生が一緒にえんたくんを囲む

7 地域おこしにえんたくん
——京都府南丹市「地域プロデューサー養成講座」の事例

中野民夫

対象者／参加者　その地域に住む、関係する人たち

近年、あちこちで「地域おこし」が求められ、多様な試みが展開している。バックグラウンドが異なる人たちが「地域を盛り上げたい」という共通の目的に向けてえんたくんを囲めば、それぞれの経験とアイディアを共有し、知恵を出し合えるだろう。

多様な人がお互いを理解しながら建設的な話ができるという意味で、えんたくんはジャンルを問わない。「住民参加のまちづくり」がここ15年ぐらい推進されているが、私は京都府の南丹市とNPO法人テダスが企画した「地域プロデューサー養成講座」のファシリテーターとして、廃校を活用した市役所の大きな会議室でワークショップを行った。40名ほどの参加者は、すでに地域で何かしらの活動をしている人が多く、お互いに名前や顔は知っていても、ちゃんと話したことがない、という方々が多かった。

ワークショップ全体のテーマは「南丹市の集落のこれからをつくる」。4時間かけたワーク

ショップで、4人組にわかれて自己紹介や、各自がこれまでどう地域と関わってきたかのストーリーを分かち合った。えんたくんを使ったワールドカフェ風の対話では、1ラウンド目は「南丹市のよいところは？」、2ラウンド目は「南丹市をもっとこんな地域にしたい」、3ラウンド目は「もっと良い地域を実現するために大切にしたいこと」という流れで、現状・理想・自分のアクションという段階を踏んで話し合った。

すでに何らかの実践をしている人たちが自分の話を持ち寄ると、お互いが触発されて、もっといろいろなことをやりたくなる。このような場合は話すだけだともったいないので、最後にある程度の形にしたい。そこで、ハーベストとして「私の地域づくりプロジェクト」という、仲間を募るチラシづくりをした。チラシに関しては、企画の立て方のコツを説明し、各自が自分のやりたい企画を表現するチラシのラフ案を作るところまで行った。それを最後に見せ合って、にぎやかに共有した。

少子高齢化や都市への人口集中で、日本の地方は健全なコミュニティを維持していくのにさまざまな困難を抱えている。せっかく地域をなんとかしたいという思いの人々が集まる場があるのなら、一部の人だけが語ってしまうような会ではなく、参加者全体の知恵と力を引き出す会にしたい。そこで、えんたくんは必ずや役立つだろう。

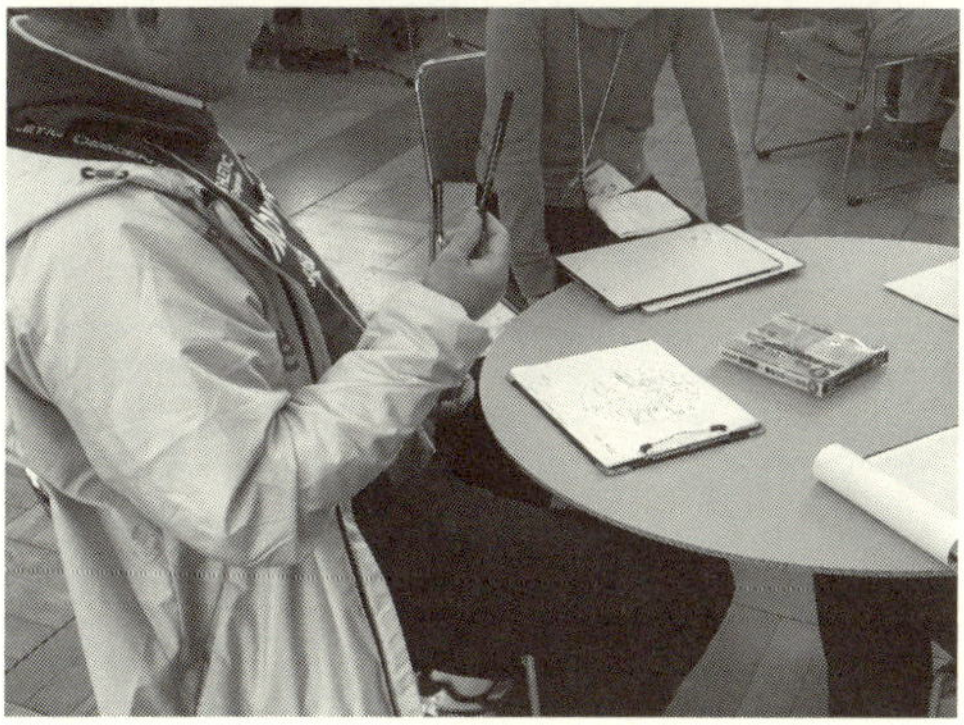

職業、年齢などが異なるさまざまな参加者が地域づくりを話し合った

8

保育園で子どもが遊ぶえんたくん

――我孫子市の慈紘保育園での事例

松山益代

対象者／参加者　幼児、児童

就学前の子どもでも、「友達と話しながら表現する」「友達と協力しながら遊ぶ」教材となるえんたくん。自主性や協調性を育てるのにも役立つし、子ども自身の発想で、さまざまな遊び方がありそうだ。

我孫子市の慈紘保育園では、年長児（5歳児）の秋に、えんたくんを活用した。ちょうど友達との関係が深まり、友達の存在が大きくなり、協調性と集団活動が多くなる時期だ。きっかけは、友達の評価を気にして、絵を描くことに消極的になってしまったり、作品を隠すような子どもの姿がちらほら見えてきたこと。２０１４年10月、まずは円をつくるように４～５人で椅子に座ったグループのひざの上にえんたくんをのせた。

まずは、ペン先をえんたくんにくっつけたままで「タラリラリラ～」と手品の曲を歌いながらえんたくんを回してみた。それで一周させると、自動的に円が描けている。子どもたちは「戻った！」と大喜び。次は自分たちで回すと言って交代しながら回し、違う色を何本も使って

「虹みたいだね」と嬉しがる。さらに「虹の回りにいろんな動物や虫を描こう」と、子ども同士で話し合っている。

初めてのことに挑む時は保育者も子どもと一緒にやってみる。子どもたちはそれを真似し、次にどう使いたいか、何を描きたいか、子どものあいだでどんどん話が進んで実行されていく。

子どもからは、こちらもびっくりするようなアイディアが出てくる。

「ここで給食を食べたい」という子どもがいたので、汚さないように透明のビニールを被せて使った。うまくバランスを取りながら、みんなで描いた絵を見ながら給食を食べたのだ。さらに翌日には、年中・年少組の部屋にも持っていき、一緒に給食を食べる姿が見られた。食べるのが早い子が遅い子を待ってくれていたり、えんたくんを一緒に使うことで、年長組はよいお兄さん・お姉さんぶりを発揮していた。

とにかく、子どもたちはえんたくんを見て「なにこれ！」と、まず驚き、上に乗ったり下に隠れたりと楽しんでいた。壊れる、汚れるという心配はあるが、そうなっても仕方がないと考えていた。けれど、皆で使うものなので意外と丁寧に扱ってくれていたし、役割を交代しながら譲り合って使うなど、子どもの成長を感じた。

（慈紘保育園園長）

くるくるまわして円を描く

円の中、外にも気に入ったものを描く

えんたくんで給食を食べる

9 学校現場でのえんたくん
――渋谷教育学園渋谷中学高等学校の夏期講習での事例

河口竜行

対象者／参加者　中学生・高校生

知識の習得だけに終わらず、主体的に学び続けることのできる学習者の育成を目標とする学校が増えている。えんたくんとともに教室を飛び出して、対話のできる場づくり・対話のできる集団づくりを目指そう。

学校という場所では、1クラスを超えた人数で学習することはさほど多くないのが現状である。学年単位で動いたり、夏期講習など大人数での活動を行ったりする場合、まず、それに適した教室が見つかりにくい。理科や技術家庭科などの特別教室には、定員があるうえ、机を移動するのも難しいという制約がある。

私は、生徒が移動しながら自由に動けるフィールドとして、体育館を選ぶことがある。体育館であれば、各自が椅子とともに移動する形で、50名でも200名でも授業を行うことができる。ただ、椅子だけを使う形では、自由に移動でき自由な距離感で対話できるというメリットがある反面、生徒たちがプリントやノートにものを書く学習をすることが難しいというデメリットがある。従来は、ひざの上でノートなどに記入する形にするか、そもそも体育館での授業をあきらめるかしかない状況であった。そうしたなかで出会ったのが、えんたくんである。私はこれを学校でたくさん購入し、対話的な授業に使用しはじめた。写真は、高校2年生約80名の国語科夏期講習の様子である。

まず意欲や関心を呼び起こすことを目標に、いろいろな組み合わせの2人組、4人組をつくり、自己紹介ワークから、いろいろな形の対話練習へと進んでゆく。この授業の特徴は、対話を行うことで終わらず、教科内容の学習にできるだけ深く踏み込もうとする点である。関連の話題で盛り上がり、意識が学習内容に向かったところで、えんたくんが登場する。4人を単位としたメンバーで、プリントの課題に取り組む。メモをしたり、互いにやりとりをしたりしながら、ワークが進んでいく。

現代文では、一般的な読解問題に取り組むこともあれば、本文の要約を個人で行ったあとに4人でシェアしながらよりよいものを模索していくことなどもある。古典では、読解・文法の問題に取り組んだり、シンプルでわかりやすい現代語訳にグループで挑戦したりすることなどもある。

最初の対話のワークで、その4人がチームとして機能するようにデザインしてあるので、場は非常に盛り上がり、協力的な雰囲気になっている。ふと気づくと、えんたくんを普通にヒザにのせているグループ以外に、床に腰を下ろしてちゃぶ台のように使っているグループがあったりする。また集中して書きたかったのか、パイプ椅子に横向きに座り、その背もたれにえんたくんを載せてハイテーブルとして使っていて、思わず私がカメラを向けたグループもあった。長めの文章を書くことも多いので、体勢の安定するえんたくんの存在は大きい。終了時にふりかえりシートを書く際にも、ほぼ全員がえんたくんの上を使っていた。

番外編。文化祭の準備期間に、えんたくんを貸してくださいと頼みにきた生徒たちがいた。講習でえんたくんにはなじみの深いメンバーである。文化祭の演劇で、テーブルを使うシーンにえんたくんを使いたいのだという。舞台上での写真は、えんたくんの舞台デビューの様子である。

いつか使い古されてきたら、最後にえんたくんに直接書き込むワークなどをし、また新しいものを購入するつもりだ。楽しく学習できるようないろいろな使い方を、今後も生徒と一緒に工夫していきたい。

（渋谷教育学園渋谷中学高等学校教諭・産業能率大学経営学部兼任講師）

えんたくんをちゃぶ台のように使うグループ

えんたくんをハイテーブルとして使うグループ

文化祭ではえんたくんが舞台に登場した

10 被災地でえんたくん
――熊本地震での地域支え合いセンターと災害ボランティアの事例

鈴木まり子

対象者／参加者　被災者とその支援者

被災地では、刻々変わる状況に話し合うべきことがたくさんある。けれど、話し合う場所がなかったり、椅子や机もないことが多い。そのような場面でこそ、場所を選ばず臨機応変に使えるえんたくんの可能性は非常に大きい。

私が所属している特定非営利活動法人日本ファシリテーション協会（ＦＡＪ）では、継続的に災害復興支援の活動をしている。被災地では、社会福祉協議会等が行政から委託されて「災害ボランティアセンター」を立ち上げるが、被災者が仮設住宅に移るころに閉鎖され、仮設住宅を支援する「地域支え合いセンター」に移行する。２０１６年４月の熊本震災を受けて、上益城郡嘉島町の地域支え合いセンターでえんたくんを使いたいと、センター長の早川眞澄さんから相談があったのは、同年12月のこと。早速、えんたくんを販売している三ケ日紙工に注文の相談をしたら、社長の沼津さんが熊本出身であるという縁もあり、特別に寄付していただいた。

地震後、嘉島町では災害ボランティアセンター閉鎖後も、地域支え合いセンターが仮設住宅を支援する県外からのボランティアを受け入れている。

２０１７年12月、静岡県の清水災害ボランティアネットワークが仮設住宅へボランティアで訪問した。支援の内容は、足湯やお茶やお菓子、寸劇や音楽などさまざまだ。仮設住宅のみなさんとは避難所からのお付き合いなので、みなさん楽しみにして待っていてくれる。会場は、仮設住宅の集会場や仮設住宅の近くの公民館などが使われる。

支援が終わり、仮設住宅の皆さんが帰ったあとは、支え合いセンターのスタッフとボランティアとで振り返りを行う。まずは、支え合いセンターのスタッフとボランティアを椅子だけで5人グループにする。ここでえんたくんが登場する。えんたくんがあれば机は必要ない。

ほぼ全員が初めてのえんたくんだったので、えんたくんが登場しただけでも「わっ」となる。まずは、顔見知りの人もいるが、あらためて自己紹介。自己紹介もえんたくんシートに書いていく。次に「支援をして感じたこと、気づいたこと」を話し合う。何かを合意したり決定したりする話し合いではないので、良い雰囲気で対話が進んでいく。話し合いが終わったあとは、えんたくんを椅子の真ん中に置いて、美術館のように見て歩く見学会を行い、全体で共有する。話し合いが終われば、あっという間に片付けることができる。

被災地では、えんたくんの使い道がたくさんあると思う。避難所の体育館の2階で打ち合わせをしたときは、椅子も机もないので最初は床に紙を置いて書きながら話していたが、どうしてもやりにくい。また、出入りの多いオープンな場所だと、立ったままの打ち合わせはお互いに距離ができてしまったり、参加メンバーが誰かわかりにくかったりする。えんたくんを使うことで向き合う相手がはっきりすることもメリットのひとつだ。えんたくんがあれば、椅子がなくても立ったまま皆の「腹圧」で支えて話し合うこともできる。被災直後の災害ボランティアセンターはテントのなかに椅子だけが並んでいることが多いが、えんたくんは一日の活動のふりかえりをしたり、ミーティングをしたりするのにもとても便利だろう。

避難している方にとっても、体育館には机やテーブルがないので、えんたくんは台の代わりになる。ちょっとお弁当を乗せたり、子どもたちが絵を描いたりするのにも使える。支える皆の膝の上に乗せて使うことで、ひとりでなくなる、誰かと顔を合わせることになる効果もある。避難所での孤立を防ぎ、緩やかなコミュニティを形成するのに、えんたくんは一役買うのではないだろうか。小さな仮設住宅には集会所がないこともあるから、そういう場所での話し合いやお茶を飲みながらのおしゃべりにも、えんたくんは使えそうだ。

ほかにも、災害ボランティアセンターや避難所でもえんたくんが役に立つ機会は多いと思うが、緊急で混乱している時期には、よほどの関係性ができていないと、運び込むのは難しいかもしれない。普段の防災訓練などで活用することで、災害時のえんたくんの活用範囲が広がるといいなと思う。ダンボールベッドの場合は行政と業者が協定を結び、被災地に届けることが多いが、えんたくんはカビたり劣化したりすることもほとんどないので、備蓄できるようになれば、さらに可能性が広がると思う。

（特定非営利活動法人日本ファシリテーション協会フェロー）

立ったまま使うことができる

集会場でのふりかえり

11 和室でリラックスえんたくん

――「自分の軸を探求するワークショップ」の事例

中野民夫

対象者／参加者　どんな人でも

えんたくんには、どこかゆるいカジュアルな雰囲気がある。その特徴を活かせば、ビジネス系のワークショップでも日々の激務のなかで凝り固まった心身をリラックスさせることができる。そのギャップから、新しい視点や発想が生まれるかもしれない。

２０１７年6月、池上本門寺の近くにある「蓮月」という古民家カフェの2階で、ラーニングデザインセンター（ＬＤＣ）主催で「自分の軸を探求するワークショップ」が開催された。参加者は、人材開発や組織変革に興味のあるビジネスパーソンが中心の20名ほどだ。

このワークショップを依頼されたとき、まず寝転べる場所を主催者に探してもらった。選んだ会場は、参加者が普段馴染みのない、彼らの日常から一番遠いような場所だ。和室でやるということは、まず「靴を脱ぐ」という、ふつうのビジネスシーンではないような体験から始まる。これは、参加者が普段の仕事で纏《まと》っている鎧《よろい》を脱ぐことでもある。「自分の軸を探求する」ために、いつもの忙しい日常を離れて、少しくつろぐ体験を通して、ちょっと立ち止まって自分をふりかえる機会をつくりたかった。

そういう場なので、パワーポイントでの説明はあえてやめた。A4用紙にキーワードを書いておいて表示するKP法でオリエンテーション。さっそく4人組になって畳に座り、膝にえんたくんを乗せて、まず自己紹介とチェックイン。そして身体を少し動かしてから呼吸の瞑想、食べる瞑想の昼食、昼寝と、静かな時間を過ごす。午後、あらためてのえんたくんタイムに。今度は3人組になって各自のライフストーリーを共有するうちに、思ってもみなかった自分が浮かび上がってくる。それから最初の4人組に戻り、「これからの自分を構成する3つの要素」とし、自分の「軸足」「きき足」「杖」となるものを考え、共有した。

和室でのえんたくんが醸し出すゆったりとした雰囲気のなかで、忙しい日常から立ち止まり、自分自身の身体や心、これまでの人生をふりかえり、これからの自分の軸を探求できたことは、やすらぎとともに大きな前向きの力も生み出した。

和室でくつろいでえんたくん

12

テーマはその場でえんたくん
――渋谷のデイライトキッチンの事例

中野民夫

対象者／参加者　どんな人でも

特別なテーマを事前に設定しなくても、とにかくえんたくんを体験してもらうことで、ハッと気づくことはある。レストランで開催されたえんたくんのワークショップは、話し合いのテーマも、参加者を見ながらアドリブで決めていった。

２０１７年４月、東京・渋谷の「デイライトキッチン」という自然食を扱うおしゃれなレストランで、平和環境活動家の丹羽順子さんと「教えるより、学び合う場を創ろう！」というイベントのファシリテーターを務めた。丹羽さんはこのレストランでたびたびイベントをやっていて、それに私が呼ばれた形だ。

この日のイベントでは、要するにえんたくんを使って参加者同士が「学び合う」体験をしてもらうことが目的だった。具体的な話し合いのテーマはその場で参加者から募った。まず「今日は何を期待してきたか」「関心があること」など、配った紙にマーカーで書いてもらう。それらを壁に貼り出し、近い意見をグルーピングして３ラウンド分のテーマをその場で決めて、えんたくんを使って話し合ってもらった。

会場はレストランなので、途中で食事タイムもあって、リラックスした雰囲気になった。事前に誰が来るかわからない、何人来るかもわからないから、事前の準備がしにくく不安にもなるが、ほとんどをその場のアドリブで進行したぶん、目の前の参加者に寄り添ったやり方ができたと思う。

やはり、ただテーブルを囲んで話すのと、えんたくんを使って、きちんと向き合ってお互いにキーワードを書きながら話すのとでは、集中度や深さに大きな違いが生まれる。ある程度、文脈ができている場なら、そこにえんたくんを放り込んで、テーマは参加者に任せてみても、ただのおしゃべりとは随分変わった体験ができるだろう。

渋谷のおしゃれなレストランで

レストランのテーブルの代わりにえんたくん

えんたくん
アイデア集

2017年8月に本書刊行に向けた「えんたくん講座」を実施した。その参加者から寄せられた、えんたくんでの対話をいっそう促進する意外な活用法や、これからの可能性を感じさせるアイデアを紹介する。

「ピザ」のようにカットして持ち帰る

「えんたくんピザ持ち帰り」

プログラムの最後のふりかえりや、今日学んだこと、気づいたこと、決意などを、各自で「持ち帰る」方法。真ん中から自分に向かってそれぞれ線を引き、少しずらして自分のスペースを作ると、ちょうどピザを切るような感じになる。そこに、今日の気付き、学び、決意などを書いて、シェアする。最後に、用意しておいたハサミで切って持ち帰る。4人組だと範囲が大きすぎるので、6人ぐらいがちょうどよい。えんたくんを初めて体験すると、その手触りも含めて面白いと思ってくれる人が多いのに、持って帰れないのはもったいないということで思いついたアイデア。一片でも切って持ち帰ってもらえれば、そのワークショップや話を思い出してもらうこともできる。裏側も切ってしまうことになるので、切るときは予め伝えておいて、必要であれば写真を撮っておくと良い。輪ゴムを用意すれば、折らずに持って帰れる。

「えんたくん時計」

ワークショップやセミナーで、えんたくんシートを使ってアジェンダをつくる。始まりから終わりまでの時間を書いておいて、真ん中に矢印を作り、動かしながら、今どこにいるのかを見せていく。

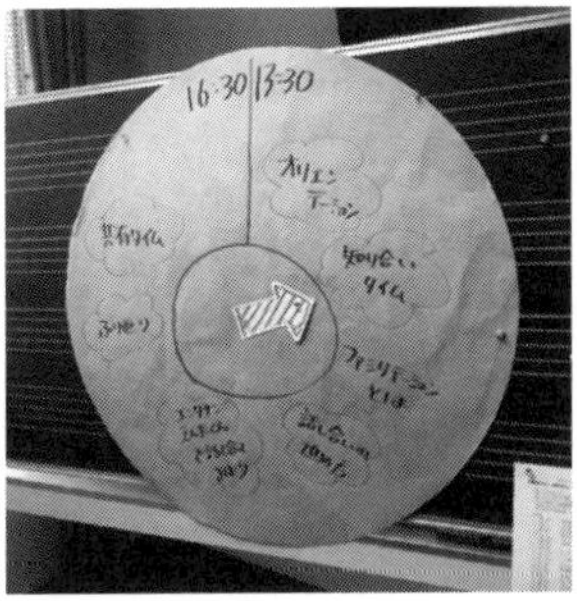

真ん中に矢印をおいて
えんたくん時計

「立ってえんたくん」

５人ぐらいでお腹に当てて挟めば、立ったままえんたくんが使える。椅子を置いておけば、疲れたときに併用できるが、立ったままだと、より距離が近くなる。野外の打ち合わせでも使えるし、書くのにも問題ない。身長差があると斜めになりそうだが、当てる場所を変えれば気にならない。

「えんたonえんた」

大きいえんたくんの上に小さいえんたくんを重ねて、中華テーブルのように上だけぐるぐる回す。上段にお題を書いて順に回し、回ってきたお題について、そのＳＷＯＴ（強み・弱み・機会・脅威）を明らかにする。

「サイズ可変えんたくん」

複数のサイズがあり、それぞれで違った使い方ができるえんたくん。適切な距離感をゲームのように予測し、慣れればだんだん小さくなっていく。学校などでは、だんだん距離が近くなるはずなので、年輪のように重ねていく。その変化から学べることもありそう。

「回転えんたくん」

シートを回転させながらえんたくんを使って、次の人が言葉を書き加えていく。

「アンケート用紙のえんたくん」

イベント最後のアンケートを取るときに、えんたくんに書いてもらう。配られた紙より書きやすい。

「おうちでえんたくん」

家族でのコミュニケーション促進に使う。「一家に一えんたくん」として備えておくとよいかも？

「体育でえんたくん」

体育の授業は机のない体育館やグラウンドで行うので、作戦会議やふりかえりのためにえんたくんが使えそう。

「立ち飲みえんたくん」

誰かがふらついたらこぼれてしまうので、酔いにくいかも？

2017年８月19日に西日暮里の日本環境教育フォーラム２階会議室で開催された
〈えんたくん講座～『えんたくん革命（仮題）』出版を前に目次をたどるワークショップ～〉にて

第5章

えんたくんから始まる静かな革命

『えんたくん革命』というタイトル、ちょっと大げさでしたか？　いえいえ、私たちは本気です。先の見通せないこの時代に「えんたくん」で何を目指すのか。本書の最後に２人の著者の対談をお送りします。

アナログなコミュニケーション　えんたくんとKP法

川嶋　東京工業大学では、まさに「えんたくん革命」が進行中ですね。

中野　全学でえんたくんを導入できたのは幸運でした。3年ほど前、東工大の改革にあたり、教養改革を担う先生方が集まる最初の合宿のファシリテーターとして声をかけてもらいました。そのとき、これまで別々のセクションで研究し教えていた先生方が一緒に何ができるか、えんたくんを使って話し合いました。それがとても盛り上がったのです。その後すぐにえんたくんを注文して授業に使ったという先生まで出てきました。その縁で2015年の秋から私も東工大の教員としてリベラルアーツ教育改革の流れに参加しました。そして、翌年には1年生の必修授業でえんたくんを使うことになりました。私ひとりがえんたくんを知ってるだけではそんな提案はできなかっただろうし、説得するのも難しかったでしょう。

川嶋　東工大のリベラルアーツ研究教育院長の上田紀行さんたちがチャンスを用意してくれたということですね。東工大という理系の大学でアナログなコミュニケーションというのも面白いですね。世の中はどんどんデジタルなコミュニケーションの技術革新が進むけれど、ここでは最もアナログなコミュニケーション、口頭での直接コミュニケーションを可視化して統合的に行おうとしているわけじゃないですか。

中野　東工大の学生は大変優秀ですが、うつむき加減で生真面目。休み時間は行き場が少ないので早く来て教室にいるけれど、ひとりでスマホを触っている学生が多くて静かなんです。相手の目を見て話せないというタイプも珍しくないし、「人と話すのは苦手」という学生は多い。それに友達でも〝マジ〟な話はしにくいようですね。私自身、大学入学時に思いはあっても周囲とうまくコミュニケーションがとれず、1カ月ほどで休学してしまった過去があるので、その状況はわかります。

川嶋　同じようなことを体験したことがあります。ある女子短大の学生たちが清里で数日間合宿をしたんです。自然のなかでいろいろな体験をして、そのなかで感じたことを言葉にして話し合う機会を何度もつくった。そうしたら最後には何人もが泣き出してしまったのです。どうしたのと聞いたら「こんなに友達とちゃんと向き合って話したことがなかった」と言う。

中野　今のメールやSNSは、相手の都合に関係なく送っておくことができるでしょう。そうすると、相手の状況をうかがったり、間合いや表情などの微妙なニュアンスをつかんで駆け引きしながら話すような、やりとりの機微が育たないんですよね。買い物するにも、昔はお店で会話することが必要だったけれど、今はネットやレジで黙ったままでも買える。生身のコミュニケーションが少なくなる一方で、「LINEでは即レスしないと」といった別のプレッシャーもある。

コミュニケーション論の授業では、「コミュニケーションというと話すことをイメージするかもしれないけれど、実は聴くことが大事なんだ」と、早い段階でわかってもらいます。笑顔で聴く、うなずく、相手に身体を向けたり、わからないことは質問するとか、そういう傾聴のスキルも、相手に関心をもっていれば自然に備わってくる。ある学生からは「自分は相手を考えず話しまくっていたけれど、言いたいことを4割に抑えて、6割は周りの話を聴こうと思ってやったら、いろいろな人がいろいろな意見を言ってくれて、自分は今まですごく損をしていたことがわかった」という感想がありました。

川嶋　えんたくんは、「手書き」という意味でもアナログですね。僕が始めたKP法（64ページ）はプレゼンテーションの道具で、えんたくんは話し合うための道具だけど、どちらも「手書き文字」「言葉を書く」「手軽」この3つが共通点です。僕はKP法を使いはじめたころ、KPのセットをワードやパワーポイントで一枚ずつ印刷していました。印刷文字なので遠くからも見やすいし、皆のためにと思って。ところがある日、直前にワンセットを手書きでつくらないといけなくなり、それを見た人に「こっちのほうがいいよ、川嶋さんが書いた感じがするよ」と言われたんです。印刷したものは「どこかで売っているのかと思った」と。

中野　そうですね、パソコンだと誰でも似たような感じになってしまいますね。

川嶋　字の上手、下手もあるけれど、それもその人のメッセージやその人らしさだという手書き文字の力があります。それから「聴きながら書く、話しながら書く」というコミュニケーションの方法も特徴的です。ふつうは「話す・聴く」「書く・読む」のセットですよね。さらに、えんたくんでは、言葉を書きとめておくことで、さっきのことはこのことだよね、と指を差せるのがよいのだと思います。自分の記憶だけだと、けっこういい加減に、都合がよいように言葉を積み上げてしまう。書きとめながらその言葉を眺めながら何かを話すというのは、ワールドカフェ（64ページ）の発明だと思います。

えんたくんも、いつかデジタル化できるかもしれないけれど、アナログなコミュニケーションの手軽さや書いた人の気持ちや熱などまで伝わるような情報の豊かさを、この本ではあらためて確認できたと思います。

一人ひとりが大切な場

中野　異なる専門家がコラボレーションする「共創」が求められている今、そこにはコミュニケーションが不可欠です。けれど、その力を磨く場が少ない。研究者は自分のラボで専門性を突き詰めていて、専門外の人には簡単に説明できないディープな世界にいる。ただでさえそうなのに、人の顔を見て話せず、聴く姿勢もできていなかったら、コラボレーションどころではありません。歴史や宗教、哲学といった教養も大事だけれど、他人と関わることができる人間を育てないと共創や協働が生まれないという危機感が東工大の首脳陣にはあるのです。

今は世界中の知識や情報がネットで得られ、名教授の授業だって動画配信で受けられる。そのような時代に、なぜ学生が時間とお金をかけて、学校が施設を用意して、わざわざ集まって授業を受けるのか、もっと本気で考えないと大学自体の存在価値がなくなってしまいます。先生の話を聴くだけの授業ではなく、対話を通して学び合うことの意味は大きい。

川嶋　たしかに、そういう選択肢がある時代になっています。現在の大学の教室の設計というのは、過去の教育の形に対応したものですよね。

中野　階段教室が典型的ですね。戦後のベビーブームと進学率の上昇で大学が増えていった時代の、マスプロ教育の名残です。上田紀行さんがよくおっしゃっているけれど、大教室というのは学生が寝ていようが休もうが授業は変わらず、「自分がいてもいなくても世界は変わらない」という暗黙のメッセージを発している。「一人ひとりが大切だ」と標語に掲げても形がともなっていないことになる。

えんたくんを使う授業の場合、えんたくんの4人組のなかで一人ひとりの影響はかなり大きいわけだから、他人のせいだけにはできません。そのことが、一人ひとりが大事という意識にもつながり、遅刻や欠席も減る。教員と直接話さなくても、仲間と考えを

川嶋　分かち合うことで手応えが得られるのですね。

これからアクティブ・ラーニング型の授業を中心とする学校が増えていくという動きがあるけれど、果たしてどんな校舎や教室のデザインをするのかとても楽しみです。

綿密さと大胆さと

川嶋　「神は細部に宿る」ではないけれど、たとえば紙の大きさ、使用するペンの太さや色、時間の使い方、グループの人数、話す規模はペアか何人グループか、場の平面の使い方、壁面の使い方、その他の道具の使い方……そういう細部の組み立てが、学び合う場の基本設計に欠かせません。えんたくんが向かない場だってあるわけです。

中野　ワークショップというと「ポストイットを使うもの」と考えている人が多いですよね。話し合いながら、考えをポストイットに書いて集めて分類して……。

川嶋　それはワークショップのひとつのやり方かもしれないけれど、乱暴だと思うことも多いですね。筆記具も参加者に任せて、ボールペンで書いたポストイットを模造紙に貼って皆に示しても、そんな細い文字が読めるわけがない。僕はポストイットの代わりにA5やA6サイズの用紙をたくさん用意します。太いマーカーで書いてもらい、「貼って剥がせるテープ」で貼る。これなら、遠くからでも読めるし、あちこちに移動できるし、テープはきれいに剝がれるので保存もしやすいからです。このサイズなら、十数名くらいまでの人数で、10メートルぐらい離れてワーワー言いながら分類することもできる。

中野　ディテールを考えない乱暴な設計のワークショップに参加した経験があると、ワークショップ自体が嫌いになってしまう人が多い。だから、ファシリテーターは使う道具の意味を考え吟味して、丁寧な設計をしないといけません。僕はその場のアドリブでやっているように見えるかもしれないけれど、準備に時間をかけて、けっこう考えています。

緻密な準備といえば、オリエンテーションが重要だとこの本でも書きました。私は最初に人前に立つようになったときに、台本を書いてずいぶん練習しました。自信がないとどうしても説明過多になるので、録音して時間を測り、言葉を削ぎ落としてシンプルにわかりやすくする。川嶋さんは落語研究会出身だから、もともと話すことに慣れていらっしゃるかもしれないけれど、今でも挨拶の際などはきちんと台本をつくり、練習もしている姿を見て感動しました。

川嶋　僕だって、説明が長くならないようにとKP法をつくったんですよ。最初は緊張して耳がふさがっているような参加者も、端的に整理された説明を目で見れば頭に入りやすい。KP法はそういうインストラクションを助ける道具でもあります。

中野　一方で導入の方法について考えないといけないのは、行政の会議などの場合は、本当にきっちり資料や席次表も用意されていて、長方形に机が並んだ四角四面な会議になってしまいがちということです。それだけ準備されると、来た人は「お客さん」になってしまう。けれど、私は場の設計によるコミュニケーションの違いを体験してもらうためにも、あえて机を一緒に片付けたり、四角い机の並びをを丸く変えたり、途中でえんたくんを入れたりしています。その場で自分が貢献できるということが、参加者にとっても小さな喜びになる。早く着いた人も、じっと待って「触らないでください」と言われるよりも嬉しいじゃないですか。

川嶋　僕らは、たぶん「対話を阻害しない空間づくり・関係づくり」をしていると思うんです。それを当たり前と思っているけれど、「どうしてできるの？」と驚く人、中野さんや僕が魔法使いみたいに見えている人もいる。

中野　場を動かすことへの恐れがありますよね。参加者に「立って、動いてください」と言うのって、最初はものすごく勇気がいる。

川嶋　けれど「皆様はお客様ですから、いっさい手を出さないでください」という態度は、だんだんと「しゃべるな」「余計なことを言うな」という雰囲気につながり、活発な話し合いを妨げてしまうということですね。中野さんが「お客さん扱いしない」ことは、僕の「十分に準備をする」という話と一見矛盾するように思えるかもしれない。でもそうではなくて、まず場づくりを一緒にしたほうがよいと判断したら、それにかかる時間を想定し、参加者にかける言葉も考えておくんです。

中野さんも僕も「緻密な準備」をしているし、この本では丁寧にえんたくんの使い方を紹介しました。でも、全然違うやり方でもよいのです。ファシリテーターの経験の少ない人にも「この道具さえあればなんとかなるよ」と伝えたいし、道具があれば「やってみようかな」と思えるでしょう。それから僕は、最終的にはなんとかなると思っている。それは僕には経験があるからだと言われるかもしれないけど、参加者が味方してカバーしてくれる関係ができていれば大丈夫です。これまでお話ししてきたことは、参加者を味方につけるためのやり方と言えるかもしれません。それでも心配だという人には、失敗してもよいし、そもそも失敗なんてないとも言っておきたい。そこで学んで次をやればよいのです。

ファシリテーションを学び合う

川嶋　この本の読者の多くがファシリテーションをしたことがある人でしょうけれど、そのスキルを伸ばすためには誰かにお願いしてフィードバックをもらうとよいと思います。たとえば落語でも弟子は幕間から客席を見ています。お客さんがどう反応して、師匠がどう応えているかを見ているのです。同じように、僕がキープ協会でスタッフにフィードバックするときには、前方の端に目立たないように座って、参加者のほうを向くようにしていますよ。後ろから見ていたのでは参加者の様子がわからないですよ。

中野　なるほど。参加者の反応を見たうえでフィードバックするのですね。研修やワークショップ全体のことでいえば、企画する主催者側の問題もありますね。私は「企画して司会をする担当者はその場を生み出すプロデューサーなのだから、場全体を手放さないでホールドして」と言っています。冒頭の挨拶のあと、司会者が講師やファシリテーターを紹介して「あとは先生にお任せ」ということが多いですよね。できれば導入のチェックインや最後のふりかえりくらいは、そのプログラムを企画した担当者ができるようになったらよいのにと思います。これまでの研修スタイルを変えるのはなかなか大変だとは思いますが。

川嶋　日本中の研修所と名のつくところには残念ながら研修設計と運用のプロがいないところが多いので、設計といっても講師の都合に合わせてプログラムの時間の枠を埋めていくだけで、講義の順番さえも考えないことが多い。肉・肉・デザート・前菜の順に出てくるコース料理みたいなものです。企画者が間をつなぐわけでもない。そういう学びの場づくりについて、あまり考えていないのではと感じる場面が少なくありません。

中野　あちこちで研修を企画している皆さんは、とても真摯なのに、講師紹介だけではもったいなさすぎると思います。全国では、一方的な講義型の研修や授業がまだまだ多いので、私たちのやるべきことがあるなあと感じます。

静かにゆっくり少しずつ起こるやさしい革命

中野　この本を構想したのは、今年（2017年）2月の「自然から学ぶ場と人の全国フォーラム」のときでしたね。日本環境教育フォーラム（JEEF）をもっと盛り上げるために理事として何かできることがないかと考えていましたが、フォーラムで川嶋さんの顔を見たときにひらめいたのが、川嶋さんが発明して私もたくさん応用している「えんたくん」を題材に、具体的に使える実用的な本を一緒につくって、印税をJEEFの活動のために寄付することでした。

川嶋　属人的なテーマを本にするやり方もあるだろうけれど、僕たちはファシリテーターという役割が広まってほしいと思っているわけだから、そのために道具を紹介するのは具体的で実践的でわかりやすい。ほかの人が真似できるのがよいのです。

中野　川嶋さんは昔から、社会や環境の危機に際して「よいアイデアやノウハウは隠している場合じゃない、どんどん共有しよう」という方針ですね。『How to Make Meeting Work!』（1976年）を著したマイケル・ドイルは「一番権限をもつ人が司会をやるとのびのび話せないから、マネージャーとファシリテーターを分けよう」と唱え、会議ファシリテーションの流れをつくりました。20年ほど前に彼にお会いしたとき、「私は大学院で組織開発コンサルタントの手法を学んだけれど、日本ではファシリテーターという役割が認知されていないのでなかなか仕事にならない」と話したら、「20年前のアメリカもそうだった。だけど私たちは、ファシリテーションは世の中を変える大事な〝公器〟だから、手法を公開してやってきた。だから今は2万人がこの仕事をしている」と。この言葉を聞いて、頭のなかでジョン・レノンの「イマジン」の「You may say I'm a dreamer, but I'm not the only one. I hope someday you'll join us. And the world will be as one.」が鳴り響いたんです。その話と川嶋さんの考え方が重なります。

川嶋 タイトルに「革命」という言葉を使うからには、革命を起こしてでも変えたい現状が何かあるということですよね。僕たちは、人が集まって言葉を交わすという場面で残念な例をたくさん見てきた。ワークショップとかファシリテーションというのは、その残念な例をなんとかしようと皆が工夫してきた道のりだったと思います。大げさに聞こえるかもしれないけれど、コミュニケーションの場で当たり前だったことに対して、中野さんも僕もずいぶん当たり前じゃないことをやろうとしているのだろうという意味では、「革命」と言ってしまっていいのではないかと。

中野 私は15年前に2冊目の本として『ファシリテーション革命』（岩波アクティブ新書 2003年）を書きました。私が若いころは、世の中が一気に変わることを望みましたし、期待もしていました。でも、どうもそういう簡単なことじゃないとわかってきて、大切なことは静かにゆっくり少しずつ起きると考えるようになりました。それには人が集まる場をもっと生き生きしたものにしたい。そういうことを体感した人がじわじわ増えて、身近なところから少しずつ応用し、成果を上げていく。だから、静かにゆっくり変わる革命だと思っています。恩師で社会学者の見田宗介先生はもう40年前に「右か左かではなくて上か下かだ」とおっしゃっていました。上というのは西洋近代の合理主義が貫徹した社会で、下というのは、それぞれの文化を深く掘っていくと地下水のようにつながっている普遍的な何かです。

川嶋　その話に沿えば、たとえば「大学教育の改革」というときに、上から、たとえば「アクティブ・ラーニングという概念による改革」ではなく、下から現場の道具から変えていくという意味で、えんたくんは象徴的な道具なのかもしれませんね。

中野　その考えに触発されて、私は第三世界、途上国への旅を始めました。この本の冒頭の「輪になって話す」は、人類があちこちで困難を乗り越えてきた普遍的なやり方です。今は簡単に答えが出ない難問だらけですが、人々が集い合い問い合うことが力になると思っています。そのためには、よい話し合いのやり方がないと、話し合っているようで結局誰かに依存したり任せたりしてしまう。そういう意味で、えんたくんを囲んで対等に本音で語り合うというのは、静かでゆっくり少しずつですが、大きい革命になるのだと思います。

川嶋　けれども一方で、えんたくんは魔法の道具でも、打ち出の小槌でもありません。話しやすい状況設定をしたり、細かい配慮をした場をつくることも必要です。もっとよい使い方があるかもしれないし、さらに改良していくことだってできます。勢いよく「革命」なんて言っておきながら、一方で「いや、そんな大したことじゃないです」とも言っておきたい。

中野　その、大したことじゃないというのが大事ですね。大したことでないことからやさしい革命は起こるんだと。

では最後に、えんたくんの心得を歌った歌を発表して終わりたいと思います。昨年8月に川嶋さんと「えんたくん講座」を実施したときに、会場に向かう電車のなかで思いつき、講座の最後に参加者の皆さんと一緒に歌ったものを仕上げました。「えんたくんの心」がわかりやすく伝わるとよいのですが。

えんたくん、３つのお約束

「輪になって座ろう（えんたくんの歌）」のお披露目

輪になって座ろう（えんたくんの歌）

作詞・作曲：中野民夫

輪になって座ろう、輪になって語ろう、
輪になって座ろう、輪になって語ろう。

1　まあるく座るとお互いの、顔が見えるよニッコニコ。
誰が上だかわかんない、私もあなたも皆大事。
一人ひとりが場を創る、遠慮しないで言ってみよう。

輪になって座ろう、輪になって語ろう。

2　ジャッジするよりそれぞれの、想いを良く聴き響き合おう。
いろんな人の違いこそ、活かせば新たな知恵となる。
あっという間に時が経ち、平和と歓びあふれ出す。

輪になって座ろう、輪になって語ろう。
輪になって座ろう、輪になって語ろう。

輪《わ》、話《わ》、和《わ》～！

輪になって座ろう（えんたくんの歌）

作詞・作曲：中野民夫

C C G C F C G C
輪 に なって すわろ う 輪 に なって かたろ う
C C G C F C G C
1 まぁるく すわるとおたがい の かーおが見えるよニッコニ コ
だ れが うえだかわかんな い わたしもあなたもみなだい じ
ひ とり ひとりが場をつく る えーんりょしないで言ってみ よう
2 ジャッジ するよりそれぞれ の おもいを良く聴きひびき合 おう
いろんな ひとの ちがいこ そ 活かせばあらたな知恵とな る
あっと いう間にときが経 ち へいわとよろこびあふれ出 す
C C G C F C G C
輪 に なって すわろ う 輪 に なって かたろ う
C G C
輪 話 和

あとがき

中野民夫さんとの初めての共著ができた。中野さんとは１９９０年代から様々な場面で一緒に仕事をしてきた。そのほとんどが「参加の場づくり」「体験型の学びの場づくり」という仕事だった。当時中野さんは博報堂という大きな広告会社にいて、僕はキープ協会という小さな財団法人にいた。中野さんと僕の微妙に違うファシリテーションのセンスが面白かった。最近、中野さんは「歌」が大切なファシリテーションの武器になっているようだが、僕は相変わらず「笑い」を武器にして場づくりに挑んでいる。

『えんたくん革命』とは随分大げさな書名をつけたものだと思われるかもしれない。この書名は言うまでもなく中野民夫さんの『ファシリテーション革命』のイメージから来たものだ。『ファシリテーション革命』に中野さんが書いた「やさしい革命」を実現するための重要な役割をえんたくんにも期待している。

以下の方々に著者を代表してこころから御礼申し上げます。ありがとうございました。

えんたくんの実践事例の原稿と写真をご提供いただいた浦山絵里さん、井上尚子さん、松山益代さん、河口竜行さん、鈴木まり子さん。写真や情報をご提供いただいた佐藤陽介さん、平石年弘さん、佐伯亮太さん、古瀬浩史さん、鈴木圭生さん。えんたくんのネーミングを考案してくれた松野陽平さん。えんたくんを製造販売し続けてくれている三ヶ日紙工の沼津克彦さん。2017年8月19日に西日暮里で開催された「えんたくん講座」参加者の皆さん。えんたくん誕生の場で様々なサポートをしてくれたキープ協会環境教育事業部の皆さん。中野さんの講座に関わった皆さん、特に上田紀行さんをはじめ東京工業大学で活用してくださっている先生方。野外でのえんたくんを提案してくれたアースデイ東京理事の鈴木幸一さん。

えんたくん編集チームの安修平さん、猿田詠子さん。マンガとイラストを描いてくれた、おくやまゆかさん、鈴木律子さん。カバーデザインをしてくれた原条令子さん。

えんたくんを使った静かな革命はすでに日本・世界各地で始まっている。「川嶋さん！　〇〇でも、えんたくんを使っていましたよ」という「密告」がたまに僕に耳打ちされるが、教えてくれた場面や場所が僕とはつながりのない所であればあるほど、そうした「密告」を密かに喜んでいる。

「えんたくん！　ますます世界中で活躍してね」と心からそう思う。

2018年3月　清里の森にて　　著者を代表して　　川嶋直

川嶋直（かわしま ただし）

1953年東京都生まれ。公益社団法人日本環境教育フォーラム理事長。1980年早稲田大学社会科学部卒業後、山梨県清里のキープ協会に入り「自然体験型環境教育事業」を組織内で起業。立教大学大学院異文化コミュニケーション研究科特任教授（2005〜2010年）、同ESD研究センターCSRチーム長（2007〜2012年）などを歴任。2010年公益財団法人キープ協会役員退任後は、「KP法」「えんたくん」などのファシリテーションの技術を駆使して企業研修、セミナー、ワークショップなどを行う。NPO法人自然体験活動推進協議会理事、一般社団法人日本インタープリテーション協会理事、日能研体験的学び室顧問。著書に『就職先は森の中〜インタープリターという仕事』（小学館）、『KP法 シンプルに伝える紙芝居プレゼンテーション』（みくに出版）、『アクティブラーニングに導くKP法実践』（共編著、みくに出版）など。

中野民夫（なかの たみお）

1957年東京都生まれ。東京工業大学リベラルアーツ研究教育院教授。ワークショップ企画プロデューサー。1982年東京大学文学部宗教学科を卒業し、株式会社博報堂入社。 1989年に休職留学し、1991年カリフォルニア統合学研究所（CIIS）の組織開発・変革学科修士課程修了。以後、人と人・自然・自分自身・社会をつなぎ直すワークショップや、参加型の場作りの技法であるファシリテーションの講座を多様な分野で実践。2012年に博報堂を早期退職し、同志社大学教授を経て、2015年から現職。公益社団法人日本環境教育フォーラム理事、NPO法人日本ファシリテーション協会フェロー、ビーネイチャースクールファシリテーション講座監修。著書に『ワークショップ』『ファシリテーション革命』『学び合う場のつくり方』（以上、岩波書店）、『みんなの楽しい修行』（春秋社）など。

「えんたくん」は、有限会社三ケ日紙工が運営する「段ボール.NET」で購入できます。
https://段ボール.net/

初版の印税は、えんたくんが生まれた清里ミーティングを主催している公益社団法人日本環境教育フォーラム（JEEF）に、恩返しの思いを込めて寄付します。読者の皆さんも、特にえんたくんを活用している方は、ぜひJEEFのサイトを見て、活動に参加したり会員になってサポートしてくださるとうれしいです。
http://www.jeef.or.jp/

えんたくん革命

１枚のダンボールがファシリテーションと対話と世界を変える

2018年４月30日　初版第１刷発行

著　　者　川嶋 直　中野民夫
発 行 者　安 修平
発　　行　株式会社みくに出版
〒150-0021　東京都渋谷区恵比寿西2-3-14
電話 03-3770-6930　FAX. 03-3770-6931
http://www.mikuni-webshop.com

編集協力　猿田詠子
カバーデザイン　原条令子
イラスト（カバー・序章）　おくやまゆか
イラスト（第３章）　鈴木律子

印刷・製本　サンエー印刷

ISBN978-4-8403-0714-7　C0037